手漕ぎ隊が行く

吉角立自／吉川和之／高田健司

いざ、海原へ。

 伊勢湾と熊野灘、二つの海に面しながら、漁師さんでもない限り、日頃われわれは海との関わりが薄い。タイトルに「凪」と付けるローカル誌としては情けない話だ。

 そこで、桑名から和歌山県境の新宮まで、三重の海岸線を手漕ぎ舟（シーカヤック）でトレースしようと思い立った私は、さっそく旧知の二人に声をかけてみた。

 一人は「パドルコースト」を主宰するプロ・カヌーイストの吉角立自さん。もう一人は、当地方きっての体育会系カメラマン高田健司さんだ。すると、

「それは面白そうやな。ぜひやろう」

こうして「手漕ぎ隊」は結成され、五年に及ぶ連載がスタート。

 毎度それぞれの名を記すのは煩わしいので、隊長の吉角さんを波兎一号、レポート担当の吉川を同二号、撮影担当の高田カメラマンを三号とした。

 時には雨に降られ、逆風に行く手を阻まれ、高波にも翻弄された中年男三人のシーカヤック・ツーリングをお楽しみあれ。

滋賀県
三重県
伊勢湾
新名神
亀山JCT
鈴鹿IC
関JCT
亀山IC
亀山
芸濃IC
東名阪自動車道
四日市IC
四日市東IC
桑名IC
四日市JCT
久居IC
津IC
一志嬉野IC
伊勢自動車道
松阪IC
勢和多気IC
紀勢自動車道
大宮大台IC
玉城IC
伊勢西IC
伊勢IC
サニーロード
パールロード
津
鈴鹿
四日市
桑名
松阪
伊勢
鳥羽
雲出川
櫛田川
宮川
英虞湾
手漕ぎ隊航路
白塚
河芸
白子
楠
塩浜
赤須賀
香良洲
松名瀬
大淀
大湊
二見浦
答志島
菅島
安楽島
浦村
的矢
石鏡
国崎
相差
安乗
国府
鵜方
五ヶ所
浜島
御座
船越
波切
伊勢湾岸道

&CONTENTS

Seakayak touring
by Mie coast
TEKOGITAI GA IKU

ROUTE

VOLVO
MARINA FITNES
TX 5760 AS

伊勢湾を漕ぐ

英虞湾・五ヶ所湾　撮影／高田健司

PADDLE
1
赤須賀〜塩浜

逆風は想定内?

1／赤須賀漁港での出艇準備。汗ばむ陽気だったが、午後から天気が急変するとは。

2／四日市港入口のブイでひと休み。

3／コンビナートが見えてきた。海に立つ灯台が、われわれの行く手を阻むようだ。

4／揖斐川河口を行く。左に見えるのは伊勢湾岸道と長島スパーランド。

5／流木に憩う波鳥1～4号。

6／艇を寄せてのおやつタイム。

7／強風を避けて塩浜に上陸。リタイア決定後、冷えた体をカップラーメンで温める私。

初航海の予定ルートは、桑名の赤須《あかす》賀《か》から鈴鹿の鼓ヶ浦《つづみがうら》まで、約三十キロを一日で漕ぐ。途中には、四日市コンビナートという、何があっても上陸できない区間があり、鈴鹿川河口を越えるまでは昼食も摂れない。

午前六時に伊勢を出発したわれわれは、通勤ラッシュがはじまる前に松阪と津の町を抜け、ゴール予定の鼓ヶ浦へ。ここへ筆者の四駆を置き、ルーフにカヌーを積んだパドルコースト号（ハイエース）に便乗して桑名の赤須賀漁港へと向かう。

今日は休漁なのか、アサリ漁の舟は岸壁に舳先を並べてまどろんでいる。私が一人艇のセドナ、一号と三号は二人艇ナキリに乗り込む。どちらも隊長が開発したFRP艇だ。

十時過ぎに着水。快晴、微風の中、芦の茂る揖斐川河口を漕ぎ出す。引き潮とあって、力を入れて漕がずとも、艇は水面を滑るように進む。

「この分だと、三時頃には鼓ヶ浦に着きそうやな」

私が楽観論を述べると、慎重派の隊長からは、「午後から南風が吹くかも」と不吉な予測が返ってきた。

国道二十三号の橋をくぐり、長島スパーランドを横に見て漕いでいくと、前方から褐色のビニールシートのような物が流れてきた。誰だ海にゴミを捨てるやつは。近づいてくると、それは体長一メートルくらいのアカエイだった。見慣れない小舟に驚いてか、やがて彼は海底へと沈んで行った。

決死の四日市港横断

川越の火力発電所を過ぎ、四日市のコンビナートにさしかかると、徐々に緊張感が高まってくる。でかい船の往来もあるし、終始コンクリートの護岸だから、万一転覆しても上陸できる浜がないのだ。

波や風を除けて埋め立て地の内側を行くルートもあるが、仕事中の人たちから冷たい視線を浴びそうだし、空気も悪そうなので、遠回りして波除け堤の外側を行くことにする。

堤防の外へ出た途端、強烈な向かい風が吹きつけ、パドルから波飛沫が飛んでくる。青かった空は灰色の雲に覆われ、濡れた体が冷えてきた。お昼を過ぎ、お腹も空いた。艇速は、スタート時の三分の一まで落ちている。今から、本日最大の難所を通るというのに。

手前の防波堤を越えた頃、沖に停泊していた一隻の船が、四日市港めざして動き出した。たぶん三百トンクラスだろうが、それでもカヌーの一万倍だ。ぶつかったらひとたまりもないので、ブイの近くでじっとやり過ごす。

件の船が通過し、いざ漕ぎ出そうとすると、今度は港から沖へ向かってくる船が。万事休す。このまま船舶がひっきりなしに往来すれば、われわれはずっと動けない。しかも、停まっていても潮に流されるので、休むことさえできないのだ。

三隻目をやり過ごした直後、「よしっ行こう」隊長の合図で全力でパドルを漕ぐ。こちらは必死だが、動力付きの船から見たら、止まっているも同然のスピードだ。逆風下では二人力のナキリの方が速く、気ばかり焦る私のセドナは、見る見る離されていく。何とか港の入口を通過した頃には、上腕の筋肉がパンパンに張っていた。

埋め立て地をまわり込むと、もはや遮る物がなくなり、南風がまともに吹き付けてくる。波はうねりだし、横波をくらうと転覆しそうだ。

ナキリの二人は、大波を捕まえてサーフィンを試みる。ところが、波に乗ったままではよかったが、前席に座る三号のウェイトが重すぎて、バウ（舳先）から水面に突き刺さった。三号は胸まで水没し、浮かび上がった時には、デッキにゴム留めしてあった三本のペットボトルが消えていた。

ヒッチハイクで鼓ヶ浦へ

お昼はとうに過ぎ、お腹はペコペコ。そろそろトイレ休憩もしないと艇内に浸水してしまいそうなので、鈴鹿川左岸の塩浜へ上陸することに。

スタート時の初夏らしい日射しが嘘のように、空はすっかり灰色の雲に覆われ、風も一段と強くなり、沖では波兎が跳ねている。

濡れた半袖シャツ一枚では震えるほど寒いので、防水バッグから着替えを取り出し、風除けにパドリングジャケットを着込む。

「やっぱり吹いたな。残念だけど、今日はここで中止にしよう」

カップラーメンをすすりながら、隊長が言った。経験豊富な彼にとって、この天候は想定内だったようだ。

初航海ゆえ何としても完漕したかったが、大人の遊びに無茶は禁物。ゴールまで十数キロを残して、無念のリタイアとなった。

そこで、私が電車に乗って鼓ヶ浦まで車を取りに行くことに。潮で髪はボサボサ。おまけに上半身は長袖で、下半身は海水パンツに砂だらけのカヌーシューズ。コンテナから出てきた不法入国者さながらの風体で、塩浜駅に向かってトボトボ歩いていると、道路脇に車を停めて自販機の缶コーヒーを買う一人の男性が。

「すいません。塩浜駅はどっちですか」

「どこまで行くんや。乗せてったろか」

地獄に仏とは、まさにこのこと。物騒なご時世に、見ず知らずの怪しい男を同乗させてくれるとは。それとも、私からそこはかとなく漂う、隠しがたい人徳のせいだろうか。

東員町のトラック運転手Nさん、ありがとう。おかげで助かりました。

PADDLE
2
塩浜〜河芸

コンビナートの海
ウミガメの浜

いきなり出鼻をくじかれた「手漕ぎ隊」の旅。前途が心配だが、気を取り直して次なる船出へ。

スタートは、前回涙ながらに撤退した鈴鹿川の河口。ここから河芸までの二十キロを一日で漕ぐ。

コンビナートを背に

右岸の堤防にトランポを止め、シーカヤックを降ろしていると、通りがかりのオジサンが何事かと近寄ってきた。コンビナートの煙突が間近の海で、マリンスポーツを楽しもうとする輩は、よほど珍しいのだろう。

今回のメンバーは、われわれ三人に加え、吉角隊長のもとで修業中の本橋洋一くん。もうすぐカヌーショップとして独り立ちするらしい。不況の荒波を、うまく漕ぎ進めるといいが。

使用するのは、二人乗りのナキリとカリプソである。隊長と私、波兎三号と本橋くんがペアを組むが、真後ろから隊長に下手くそなパドリングを見られるのは気が引ける。

フンイキ重視で、私は川用の黒いライフジャケットを買ってしまったが、本来海では御法度だ。視認性の高いオレンジや赤色でなければいけない。まあ、船がオレンジだから許されよ。

そんなこんなで午前十一時に離岸。コンビナートを背景にしたパドリングの機会は、おそらく二度と無いので、三号の指示により、何度も近寄ったり往復してじっくり撮影する。

伊勢湾へ出ると、楠町沿岸を南下。空は快晴。海はベタに近い凪で、キャンプ用具を積まない二人艇は、引き潮に乗ってぐんぐんスピードを上げる。トラックがひっきりなしに行き交う国道二十三号とは裏腹に、海上では一隻の船とも出会わない。

鈴鹿川の分流を越えると、ほどなく鈴鹿市へ。と言っても、海に境界線は無いから、いつ楠町を通り越したのかわからない。ちなみに、楠の吉崎海岸は、アカウミガメが産卵に訪れる三重県北限の砂浜。保護グループによる清掃活動が毎月行われている。

今年もカメは訪れたのだろうか。

何かいい絵づくりは

スタート時間が遅かったため、一時間ちょっと漕いだだけで、早くもランチ休憩に北若松の海岸へと上陸。ここから二見浦までの伊勢湾は、白砂青松の砂浜海岸がほぼ途切れずに続いている。岩場の多い熊野灘と違って、どこにでも上陸できるからラクだ。

「こう景色が単調だと、何も撮る物がないな」

「サーフィンできる波もないし」

「いっそ、どっちか沈《ちん》してみるか」

カップラーメンを啜りながら、午後の絵づくりを考えるが、何もいい知恵

1／ランチ休憩に上陸した北若松の海岸。
2／隊長とナキリに乗り込み、前回リタイアした鈴鹿川の対岸をスタート。
3／マリーナ河芸近くの浜へゴールし、カヤックをハイエースに積む。

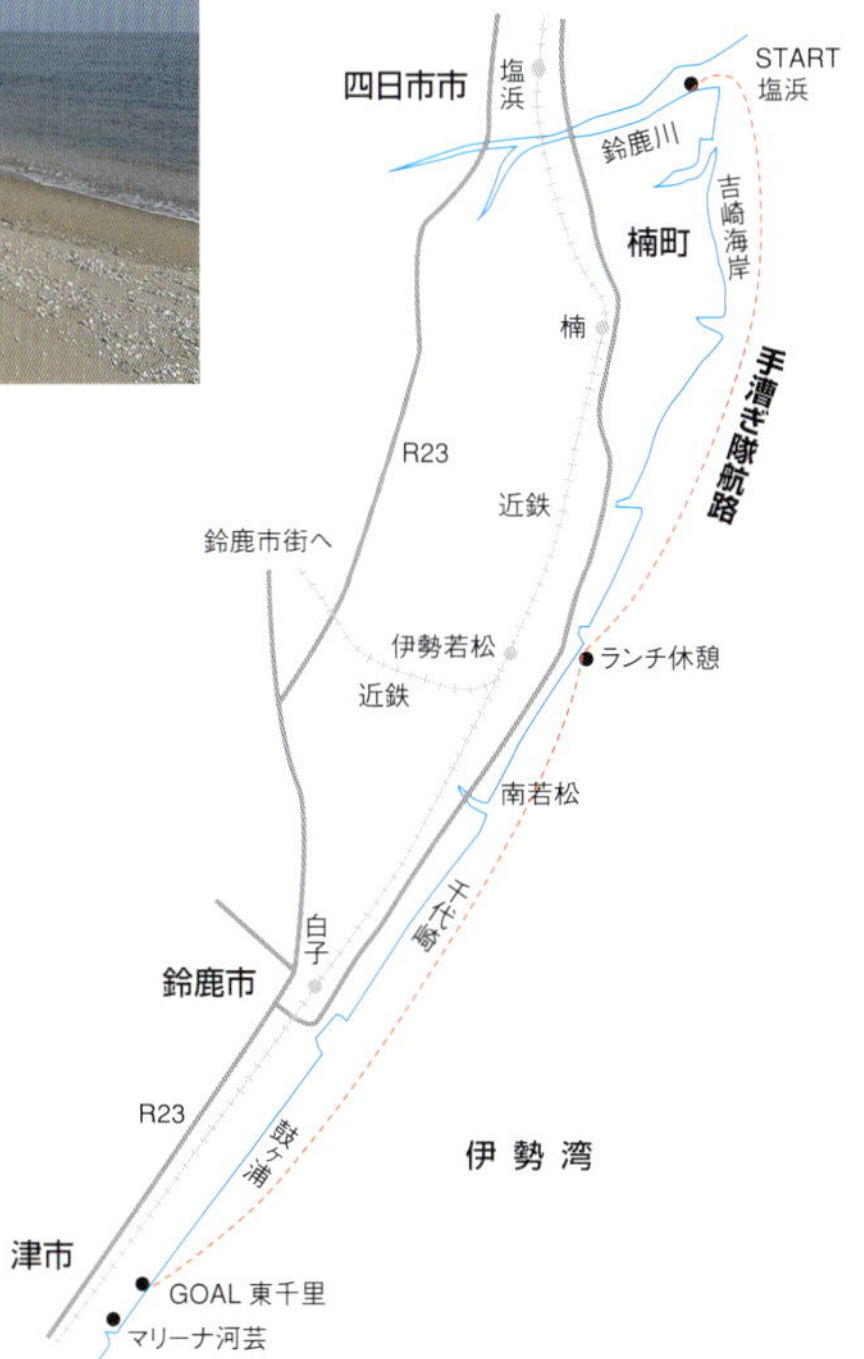

が浮かばない。若い女性でも一人混ぜとくんだった。

　昼寝タイムの後、白子方面へ向けて再スタート。ノリソダの並ぶ沿岸を避けるべく、一キロほど沖合を行く。

　追い波に乗り、二艇でスピードを競っているうちに、青かった空がしだいにグレーの雲に覆われ、やがて太陽だけが顔を出す神秘的な光景が目の前に広がった。

　雨雲の到来ではない。ちょっとしたお天道様の気まぐれだ。

　荘厳な気象ショーに心奪われつつパドルを進めていくと、ほどなくヤシが植わる河芸の海岸が見えてきた。

「えっ、もうゴール」

　前回とは打って変わって、あまりにもあっけない幕切れ。艇を引き上げ、トランポに積む頃には、さっきまでの雲が嘘のように取れ、西の空が黄金色に染まっていった。

「さて、どこで晩飯食ってく?」

PADDLE

3

河芸～松阪

台風の忘れ物

1／どこの海岸も、台風が運んだ流木でいっぱい。

2／ボラの群に遭遇し、パドルでの漁を試みるが不発。

3／白塚の浜に舳先を並べるカヤック。左が2人艇ナキリで、右がシングル艇セドナ。どちらも吉角隊長が開発。

4／キャンプ地の香良洲海岸で迎える朝日。

5／櫛田川河口の高須海岸へゴール。艇を上げている間に、みるみる干潟が広がっていった。

今回は、紀伊半島を直撃した巨大台風直後の漕行となった。河口近くの海岸には、川から流れてきた流木がびっしり。犠牲となられた方の冥福を祈りつつ、パドルを漕ぐ。

ゴミのもとは積んで行かない

二艇のシーカヤックを屋根に載せたパドルコースト号（ハイエース）と、月兎舎号（ランクルプラド）は、夜明けの国道二十三号を北上する。

途中、二十四時間営業のスーパーで、三人×二日分の食糧を調達しておく。

シーカヤックの荷室は決して広くない。日帰りならともかく、テントやシュラフ、着替えや水などを積むと、残りのスペースはわずか。カップ麺やスナック菓子など、嵩ばるものは極力避けねばならない。鍋や食器類は、入れ子式をトイレットペーパーで拭って使い、ゴミになる紙製の皿やコップは持っていかないのが鉄則である。

吉角隊長は、三食分の献立を考えながら、棒ラーメンやパスタ、冷凍ギョーザなど、お腹が膨れて場所を取らない食べ物ばかりを選ぶ。でも三人で協議の上、ランチ用の缶ビールは持っていくことになった。

ゴール予定の松阪・高須漁港に月兎舎号を乗り捨て、スタート地点のマリーナ河芸へ。ここはヨットやクルーザー専用のマリーナだが、知人に無理を言って、今回特別に使わせてもらった。

カヤックに荷を積んで離岸。快晴、微風、ヤシの葉そよぐ美しいマリーナ。これ以上の出航風景があるだろうか。

水面に遊ぶウミウを横目に、凪の伊勢湾を艇は快調に進む。滑るように、とまで行かないのは、荷物を満載して吃水が深いから。おかげでスピードは出ないが、安定感は増している。

国道を走る車の音を遠くに聞きながら、十キロほど進んだ白塚の海岸へ上陸し、早目のランチ休憩にする。

静水だったので、スプレーカバーもライフジャケットも乾いている。十月半ばというのに、半袖と短パンでちょうどいい暖かさだ。

焚き火し放題のぜいたく

一時間の昼寝タイムの後、再スタート。津のヨットハーバーを越え、御殿《ごてん》場《ば》沖を漕いでいくと、海岸の子ども連れが手を振ってくれた。

巨大タンカーを浮かべる雲出《くもず》沖にさしかかると、あたり一面で水飛沫が上がっている。ボラの大群であった。

間近で見ると、どれも丸々と太ってデカイ。晩飯用に一尾たたき落としてやろうとパドルを構えたが、残念ながら叶わなかった。もしヒットしていたら、薄っぺらいカーボンの羽根は割れていたかもしれない。

ボラ漁は不調に終わったが、午後四

時、宿泊予定地の香良洲《からす》海岸に上陸。艇を陸揚げし、テントを張っていると、すぐに辺りが暗くなった。

日没を待ったように北西風が吹いてきて、張ったばかりのテントが飛ばされそうになる。昼間の暖かさが嘘のように、長ズボンとフリースでも寒い。

風を避けた堤防の下が、今宵のキッツチン&ダイニングだ。隊長が携帯コンロに鍋をかけ、スパゲティと水ギョーザをつくってくれる。コンソメの素と塩、胡椒がこれでもかと投入されたスープが、身体を芯から温めてくれた。

食事のあとは焚き火である。浜辺には台風が運んできた流木が延々と落ちており、晴天続きでカラカラに乾いている。ライター一発で小枝に火が付くと、すぐに丸太も炎を上げた。こんなに簡単な焚き火は初めてだ。

薪の面倒を見ながら、ウイスキーのお湯割りをチビチビやるのは、薪ストーブに憧れる私にとって至福の時間。きりがないので午後九時、海水をかけて消火し、灰を埋めてから各自テントへもぐり込む。

電気もテレビも風呂もない空間でシュラフにくるまり、昔は当たり前のように日の出とともに起きて働き、日没後火を囲んで食事をとり、夜更かしすることなく床に就いたのだろうな、などと思いを巡らせていたら、すぐに意識が遠のいていった。

引き潮に乗るまではよかったが

目が覚めたら、まだ夜明け前だった。それでも堤防にはすでに犬連れの散歩者がいて、季節外れの三張のテントを不審そうに眺めて通り過ぎていく。

水平線から日が昇る頃、あとの二人もテントから這い出してきたので、湯を沸かし、インスタントのモーニングコーヒーを淹れる。つづいて朝食のつもりだったが、吉角隊長が

「風が吹くかもしれないから、早めに出発した方がよさそう」

との判断を下したので、急いで撤収することに。

この判断が吉と出た。雲出川河口に差しかかっても、たいして風は吹かず、引き潮に乗って軽快に艇は進む。ゴールの松阪港はすぐそこに見えているので、もはや案ずることはない。波兎三号は、一心に五主《ごぬし》海岸の海鳥たちを望遠レンズで追っている。

ところが、ゴール目前で予想外の出来事が。干潮により広がった干潟で、前に進めなくなってしまったのである。艇を下りて砂州を引きずりはしたものの午前九時、高須漁港へ無事上陸。

艇を揚げ、棒ラーメンを食べる頃には、今しがた漕いできた海がすっかり砂州になっていた。出発が遅れていたら、延々引きずるところだった。

隊長、次は天気図だけでなく、潮時表もチェックしといて。

PADDLE

4

松阪〜小浜

ふたつの季節を漕ぐ

1／雨の中を半日漕ぎつづけ、大湊の浜に上陸。

2／濡れた流木を燃やして、無理矢理の焚き火。

3／堤防沿いのあずまやでハムを焼く隊長。

4／ハムステーキとガーリックトーストの朝食に、とても満足げな波兎3号。

5／海上から夫婦岩詣で。岩場は波が複雑なので気を使う。ここで沈したらいい笑い物だ。

6／神前海岸でコーヒーブレイク。

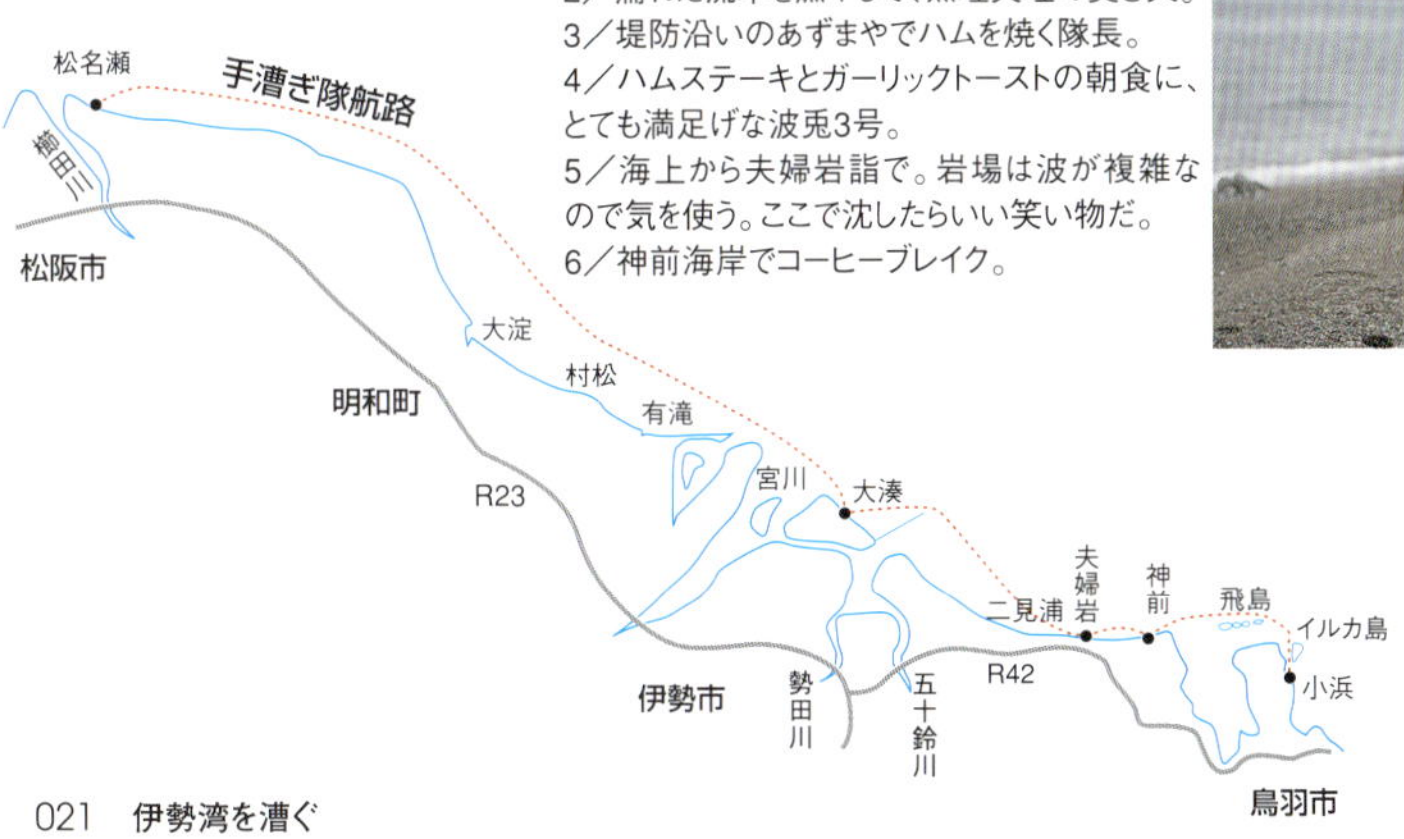

漕行日の前日、大型台風が紀伊半島を避けていってくれたので安心していたら、今度は秋雨前線が発生して、太平洋岸に居座ってしまった。

朝から雨。どうせ海に出たらパドルの飛沫で濡れるし、たまには航行中に降られることもあるが、さすがにスタート前の雨は気分を萎えさせる。

松名瀬《まつなせ》海岸のノリソダを保管するトタン小屋で雨宿りをしながら「さあ行こか」と誰かが言い出すのを、三人とも待っていた。

スナメリの遠足か

今回のルートは、松名瀬から鳥羽の小浜《おはま》まで。今宵は三人の地元・伊勢の大湊海岸でキャンプする予定だが、天気が心配なので、波兎三号のパジェロは大湊の堤防へ停めておいた。

午後一時、小降りになったのを見計らい、意を決してハイエースからカヌーを降ろす。これ以上スタートを遅らせると、夕暮れまでに大湊へたどり着けない。

冬の日本海を思わせる、どんよりと厚い雲がたれ込めた松名瀬漁港に艇を浮かべ、雨の中を漕ぎ始める。

この秋一番の寒さとなったので、パドルジャケットと、腹から下のウェットスーツを着込んでちょうどいい。海水に手を入れたら、気温よりずっと温かい。無風なのは歓迎だが、これでは天気の早期回復は望めないだろう。

荷物をほとんど積んでいないシーカヤックは、雨の中ぐんぐん船足を上げる。見渡す限り灰色の世界では、撮影のためのストップもない。

時おり自衛隊のヘリやセントレア行の旅客機が頭上を飛ぶが、海には一隻の船もいない。こんな日に海へ出る物好きは、われわれくらいだ。

明日の天気を案じつつ村松沖を漕いでいたら、不意にツヤツヤ光るグレーの球体が波間に現れた。ブイかなと思った瞬間、それは海中に沈み、すぐ近くで再び浮かんだのである。

スナメリが浅瀬に遊びに来ていたのだろう。秋は遠足のシーズンだから。

カヌーよりも焚き火

海上でチョコバーをかじり、スポーツドリンクを流し込んだのみで、一度も上陸せず漕ぎつづけたおかげで、四時過ぎに宮川河口を横断。日没前に大湊海岸へ到着した。もう一時間余計にかかってたら、オシッコが我慢できなかった。

本来なら急いでテントを設営するところだが、雨はまだ降り続いている。キャンプは諦めることにして、クルマで国道沿いの服に着替えると、ラーメン屋へ直行。

その後、ギョーザとカラアゲを持参したKともども月兎舎で宴会し、私は自宅で、残る二人は大湊の堤防に停めた車の中で夜を明かしたのだった。

翌朝、六時に目を覚ますと雨は止み、東の空に雲間から太陽が顔をのぞかせている。海岸に行くと、あとの二人も起きたところだった。

浜に降りて濡れた流木を見ていたら、どうしても燃やしてみたくなり、松葉や小枝を集めて火を点け、パドルのブレードで扇いで無理矢理の焚き火をする。白状すると、私はカヌーよりも焚き火の方が好きなのだ。

隊長が、堤防の東屋で朝食の準備に取りかかった。メニューは、厚切りハムのニンニク・ソテーと、ガーリック・トーストにコーヒー。いつものことながら、われわれの食事に野菜はない。

夏が戻ってきた

食事の片づけが終わる頃には、抜けるような青空に。昨日より十度も気温が上がって、Tシャツに海パン姿でも暑い。一日で秋から夏へ、季節が逆戻りしたようだ。

青空の下でのパドリングは、やはり気分が踊る。同じ顔ぶれで同じことをしていて、こうも違うものかと、パドルを漕ぐたび笑いがこみ上げてくる。

ノリソダの間を抜け、赤灯台の立つ突堤を回り込むと、もう二見浦だ。

二見興玉神社の参拝客の視線を浴びつつ、夫婦岩へ海上参拝。干潮で、波も乱れており、気を抜くと艇を岩にぶつけそうになる。衆人環視のここで沈《ちん》したら、立ち直れない。

釣り人のいる江海岸を避け、神前海《こうざき》岸に上陸してコーヒーブレイク。ほんの一時間前、パワフルな朝食を摂ったばかりなのに、もう小腹が空いてきたので、ジャンクな袋菓子をパクつく。

「ウチのツーリングに参加すると、みんな漕ぐ前よりお腹出ちゃうんですよね。ハハハッ」

隊長以上に三号の大食いは有名だ。これ以上お腹が出ると、バイクのツナギが着られなくなる私は、彼らとの行く末を案じるのであった。

散歩がてら、干潮時にしか見られない神前岬の潜り島へ。近くの岩場にはイソモノやジンガサなど、巻き貝がいっぱい付いている。塩ゆでにしたらうまかろうと思ったが、ここは鳥居の建つ聖地ゆえ、きっと誰も殺生をしないのだろう。

午後一時過ぎに再スタート。飛島の外側を回ってイルカ島へ。変化に富む海岸美がつづくここは、もう伊勢志摩の海の玄関・鳥羽である。

漁船、観光船、貨物船、プレジャーボートと、ひっきりなしに動力船が行き交うので、航路の横断は一大事だ。陸と沖の両方から迫り来る船に注意し、タイミングを見計って一気に漕ぎ渡らねばならない。スローなシーカヤック向きの海ではないのだ。

PADDLE

5

小浜〜浦村

鳥羽湾遊覧

❶

1／航路横断のタイミングを待つ。奥は安楽島旅館街。

2／岩から海にダイブする菅島の子供たち。

3／桟橋で昼寝中の私を置き去りにする隊長。

4／海女祭りの聖地・しろんご浜でランチ。

5／「何じゃあのフネは」「釣りのじゃませんといてほしいな」そんな声が聞こえてきそうな菅島港。

桑名の揖斐川河口をスタートした手漕ぎ隊は、伊勢湾岸をするすると下って、ついに鳥羽までやって来た。

これまでの単調な砂浜海岸と違って、伊勢湾口にあたる鳥羽には、島々や岬など複雑に入り組んだリアスの海岸線が待つ。うんざりするほど長い梅雨が開けるのを待って、鳥羽湾めぐりへと繰り出した。

航路横断は全力パドリングで

午前九時、小浜の小さな浜から出航。まずは目の前に浮かぶ景勝の地、三つ島へと向かう。

数年前は海鳥の糞害で、白粉をまぶしたようになっていた緑の島は、すっかり昔の美しさを取り戻していた。どんな手をつかったのだろうと近寄って見ると、木の枝に雪吊りのようなロープが張り渡してある。遠目にはわからないので、ナイスアイデアだ。岩場には観音像がまつられていて、これも新発見だった。

ここから答志《とうし》島へ渡るのだが、それには定期航路を横断することになる。菅島と答志島が天然の防波堤となって、この海域の波が穏やかなのは幸いだが、大型小型の観光船や漁船、市営定期船に作業船と、シーカヤックの何倍もスピードが出る船が行き交う海の幹線なので、タイミングを見計らって一気に漕ぎ渡らねばならない。

「じゃ行きますか」

吉角隊長の合図で、一同パドルに力を込める。

菅島の正しい夏休み

答志島の岩礁にたどり着いて、ほっとひと息。喫水の深い船が近寄ってくる心配はもうない。久しぶりに酷使した上腕二頭筋を揉みほぐす。

もっとも、これは私が力任せに漕ぐせいで、腰や手首をうまく使う吉角隊長は、スピードは一番出ているのに、まったく疲れた様子を見せない。

今回は日帰りなので、集落のある桃《もも》取《とり》や和具、答志の港には立ち寄らず、島の南東岸を中ほどまで北上し、再び航路を横切って対岸の菅島へ。

港に入っていくと、堤防で子どもたちが魚釣りをしていた。水中をのぞくと、小さなグレが群れている。釣りのじゃまをしないよう、竿の近くをよけて進む。この先を回り込めば、ランチ休憩の地、しろんご浜がある。

港を出ると、小学四、五年生くらいの男の子らが岩場で遊んでいた。われわれの姿を見つけると、「おーい」と手を振り、カメラを向けるや、いきなり海面へダイブ。下に岩でもあったらどうするんだと肝を冷やすが、どこが危険か、そんなことは島っ子なら先刻承知なのだろう。

菅島中の海女が集って行われる「し

ろんご祭り」の会場となる浜には、夏休みとあって、何組かの家族連れが海水浴を楽しんでいる。

　そこへ不意に、真っ黒に日焼けした四人の中年男がカヌーで上陸したので、幼子を連れた一家は危険を感じてか離れていった。平穏な休日を乱して申し訳ないことだ。

置いてけぼりはないだろっ

　ランチは、各々がコンビニで買ったオニギリやパンにカップ麺。何の芸もないが、この暑さじゃ、とても食材を持ち込んでアウトドアクッキングをする気にはなれない。

　これまで何度か参加した鳥羽～神島カヌートライアルの昼飯は、支給のバナナと魚肉ソーセージだから、まあ似たようなもんだ。

　漕行前日に早朝から鈴鹿で八耐を取材し、帰宅後テレビでF1イギリスGPをゴールまで観てしまった私は、オニギリ三個を腹に収めると、急に眠気に襲われ、桟橋に横たわると、そのまま寝入ってしまった。

　いつぞやはゴロ石の上だったが、人間眠かったら、炎天下の焼けたコンクリートの上でだって眠れる。

「そろそろ出発するぞー」

夢うつつで聞いたのは覚えているが、近くで水遊びをする子どもたちの声で目を覚ました時には、すでにほかの三人の姿は浜になく、沖にカヌーが二艇浮かんでいた。

　嘘だろっ。慌ててスプレーカバーとライフジャケットを身につけ、艇に乗り込む。寝ぼけてか、離岸の際にもう少しで沈《ちん》するところだった。

　菅島を越えるには、二通りのルートがある。反時計回りの西岸コースは波静かだが、時計回りの東岸コースは、伊勢湾口に面しているだけに風当たりが強い。

「どっちにしますか」

吉角隊長の問いに、

「もちろん東岸」と即答する私。

カヌートライアルでは、いつも安全な西岸ばかりを行ったので、一度東岸を漕いでみたかったのだ。

　菅島灯台を過ぎると、土用波のようなピッチの長いうねりが次々と押し寄せてきた。追い波に乗ってほかの二艇はサーフィン大会を始めたが、寝起きの私にそんな余裕はない。沈しないよう、艇のバランスを保つのでせいいっぱい。

　緑の山肌が無惨に削られた採石場を望む亀子鼻から加布良古《かぶらこ》崎へ。最短距離で安楽島《あらしま》（島といっても本土です）に渡ると、岸伝いに浦村まで漕ぎ、ゴールの鳥羽キャンプセンターへ上陸。

　着替えようと海パンを脱いだら、膝上丈のストッキングを履いたような日焼け跡が、フトモモにくっきりと残されていた。

「潮騒」の島へ 鳥羽・神島 カヌートライアル

1／菅島を過ぎ、天候は悪化するばかり。
2／2人艇のみがパールブリッジを潜った。
3／荒れる海に沈艇が続出。
4／親子で参加のカヤッカーも。
5／波兎2号は4度目の参加。
6／鳥羽小涌園のビーチから出艇。

7／初日の悪天候が嘘のように、晴天となった2日目の朝、神島をバックに記念撮影。
8／夏の鳥羽の風物詩カヌートライアルが、参加者や民宿数の減少により、23回大会で途絶えてしまったのは残念。
9／菅島灯台下を漕ぐ。ラストスパートだ。

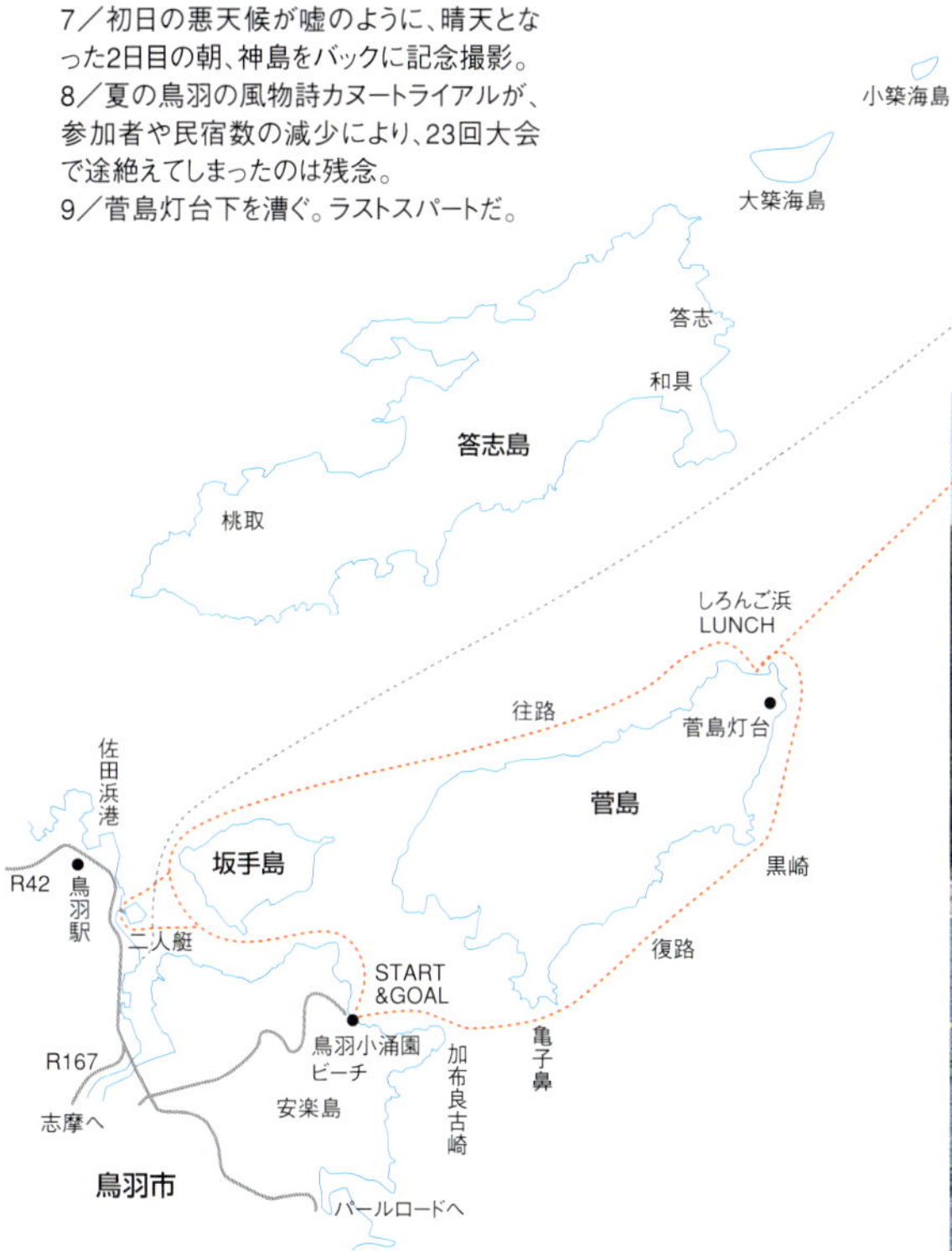

『潮騒』（三島由紀夫著）の島へシーカヤックで渡り、新鮮な海の幸を味わう一泊二日のツアー「鳥羽〜神島カヌートライアル」が二十回目を迎えた。

何を隠そうわたくし波兎二号は、この大会に出たくてカヌーをはじめたようなもの。これまで四〜五回出場しているが、NAGIを創刊してからは一度も参加していない。

吉角隊長（波兎一号）が運営委員長を、波兎三号が公式カメラマンを務める大会に、手漕ぎ隊唯一の漕ぎ手として久々に参加した。

雨に煙る鳥羽湾

早朝、どしゃ降りの雨で目を覚ます。こりゃ中止だな、と思って隊長に電話すると、何のためらいもなく、「カヌーに雨は関係ない。海が荒れてないから決行です」

雨中を漕ぐのは億劫だが、天候の回復を祈ってカングーを鳥羽へ走らせた。

この大会には、これまで自前のポリ艇で参加していたが、今回はFRP艇をレンタル予約してある。

鳥羽小涌園のビーチで受付を済ませると、色とりどりのシーカヤックが集まって来た。中には、見事な仕上がりの自作ウッド艇も。異形のカタマラン（双胴）艇を見つけ、ビーチのお遊び用だろうと思っていたら、これも参加者だった。

手漕ぎ隊の取材では、いつもセドナに乗っているので、選り取りみどりのレンタル艇の中から、白いカリプソをチョイス。セドナよりひと回り大きいので、膝まわりがゆったりしており、安定感がある。

赤いスプレーカバーを付けてコクピットに収まると、気分は日の丸ゼッケンを付けた往年のF1、ホンダRA300のジョン・サーティーズ（?）。

午前十一時、約七十艇のシーカヤックは、波兎一号・三号の乗り込む本部艇の先導で、いっせいに雨の鳥羽湾へ。

坂手島を過ぎたところで、二人艇だけがミキモト真珠島を一周するために集団を離れる。カップルに観光気分を味わってもらおうという粋な計らいなのだろうか。

正午過ぎ、しろんご浜へ順次上陸。暑い盛りの例年なら、ランチを終えた参加者の何人かが初泳ぎを楽しむのだが、雨降りとあって気温が低く、誰も海に入ろうとはしない。

沈艇、遅艇は強制リタイア

午後一時三十分、いよいよ神島へ向けて漕ぎ出す。雨のせいで島影はまったく見えない。レーダー付きの動力船に従っていくからいいものの、いつもの手漕ぎ隊なら間違いなく撤収となるところだ。

菅島から遠ざかるにつれて、徐々に

波がうねり始めた。集団はすぐにバラけて、後尾グループが見る見る離されていく。外洋の経験がないカヤッカーたちは、漕ぐよりも艇のバランスを保つのに必死だ。

先頭グループはストップを余儀なくされるが、その間、本部船もろとも数百メートルは流されたようで、気が付いたら伊勢湾フェリーがかなり近くを通り過ぎていった。

止まっていると雨風で体が冷えるので、尿意をもよおしてきた。本部船の隊長に、「漕がせてほしい」と進言するが却下される。

時計の針は四時を回った。本当なら、とうに上陸している時間だが、まだ神島は姿を現さない。沖の瀬と呼ばれる岩礁まで来ると、強い向かい風が吹き始め、波はいっそう高くなり、あちこちで沈する艇が出始めた。

菅島を出てから、もう三時間半も海上にいる。ゴールまでオシッコが我慢できるか、私も限界が近づいてきた。

すると、後ろから来た伴走船が、エンジン音を高鳴らせて駆けていく。沈艇や遅い艇を強制リタイアさせ、船に引き揚げて神島へ運んでいくのだ。

夕闇迫る海にようやく島影が見えた。「もう少しだガンバレ」

乳酸が溜まった腕の筋肉を励まし、最後の力を振り絞ってパドルを漕いだ。

サバイバルからピクニックへ

伊勢海老、アワビ、サザエ、鯛、そして島名物のタコ…宿では近海の幸が、これでもかとテーブルに載せられ我々を待っていた。くたくたに疲れ、もはや何を食べたって美味いに違いないところへ、この豪華さ。

互いの健闘を讃え合い、ビールで乾杯したまではよかったが、部屋に戻って横になると、不覚にもうたた寝をしてしまった。離島センターでは、波兎三号撮影のスライド上映会や抽選会があるというのに。

早寝したせいで、いつもより早く目を覚ますと、カーテンの隙間から光が漏れている。よっしゃ、今日は晴れだ。島の頂部にはまだ雲がかかっているものの、東の海からは梅雨明けを予感させるまばゆい朝日が。

「昨日はエライ日じゃったけど、いつもの倍楽しめたやろ」

通りですれ違った老婆の言葉に苦笑いを返す。せっせと艇の水出しをする参加者たちの表情も晴れやかだ。

午前十時、堤防で手を振る島人たちに見送られ、神島港を後にする。

サバイバルとなった昨日と打って変わり、今日は波の穏やかな海上ピクニック日和。昨日、父親と二人艇を漕いだ最年少の少女（小4）は、復路を知人のシングル艇に乗り換えた。目的に向かい、親子で苦難を乗り越えた経験は、きっと生涯の記憶となるだろう。

PADDLE

7

浦村〜的矢

海女の里で波乗り

1／国崎の岩場で、隊長の波乗りショット。
2／石鏡の岩礁で潜水漁をしていた海女さん。
3／明治末、座礁沈没した戦艦春雨の殉難碑。
4／ゴールの的矢湾大橋に向かって。
5／丸定旅館の湯に浸かり、カングーのスペアキーが届くのを待つ。

「手漕ぎ隊、もうやめたら。いっつも同じような写真ばかりやし、締切間際に急いで原稿書くから、ちっとも面白くないし。『山善会』(※)みたいに毎回書き手が交替して、写真にも季節感が出るといいんやけど」

まったく坂編集長は容赦がない。

合い言葉は「打倒！山善会」

シーカヤックは、海上七十センチあたりでカメラ位置が固定されてしまう（立ち上がれない）ので、カメラアングルがいつも同じだ。

ライフジャケット等の装具は年中変わらないし、海には新緑や紅葉といった、わかりやすい四季の彩りもない。さらには、波飛沫を浴びて漕ぐようなドラマチックなシーンは、カメラを潮水に濡らすことになるので撮れない。撮影用のボートでも仕立てなければ（予算的に無理）、写真のバリエーションがとても出しにくいのだ。

かくなる上は、隊長にはリスクを、波兎三号には機動力を、私はもっとハジけた文章を書いて、『山善会』に負けないエンタテイメントをめざすしかない。

「打倒、山善会」を合言葉に、われわれはパドルコースト支所（季節営業）がある「鳥羽キャンプセンター」を船出した。トランポを取りに戻るための移動車（黄色いカングー）は、予めゴールの的矢湾岸「丸定旅館」に停めさせてもらってある。

なお、パドルコースト・スタッフの鈴木一成クンは、今回から手漕ぎ隊の準メンバーとなった。最年少につき、三人にこき使われること必至である。

天気は快晴、ほぼ無風。おまけに、この季節にしては気温も高く、アウトドアを楽しむにはもってこいだ。

シリーズ史上稀な好条件に恵まれ、釣り筏の間をスイスイと漕ぎ進むわれわれに、とんだ間抜けな結末が待っていようとは、誰が想像し得ただろう。

鳥羽・山川兄弟のふるさとを

断崖のリゾートホテル・タラサ志摩を過ぎ、石鏡《いじか》の岩礁地帯に差しかかると、ピューピューと哀切を帯びた磯笛が波間を流れてきた。海女が潜水漁をしているのだ。

迷惑だとは思いつつ、ぜひカヌーとのツーショットを撮らせてもらおうと接近を試みるが、潮の流れが速く、おまけに彼女たちが、いつどこへ浮上してくるかわからないので、シャッターチャンスがなかなか訪れない。

そうこうしてるうちに、海女を回収するトマエ船がやってきたので、叱られないうちにそばを離れた。

「俺と兄貴のヨォー夢の揺りかごサー」全部の歌詞を知らないので、兄弟船のサビの部分だけを繰り返し口ずさみな

※山善会＝田丸保育所時代からの同級生6人組によるお笑い山行会。『山善会が行く』は、NAGIでの連載を経て単行本化。

がら、鳥羽一郎、山川豊兄弟の生まれ育った海を漕いでいくと、やがて鎧《よろい》崎灯台が見えてきた。

ここ国崎《くざき》は、伊勢神宮に熨斗《のし》あわびを奉納する海女の里だ。

「伊勢の神前、国崎の鎧、波切《なきり》大王がなけりゃよい」

半島の突端で、波が荒い上に岩礁が多く、かつては、船乗りたちに恐れられた航海の難所でもある。ところが、岩の上で大きく盛り上がる波を見ていた波兎三号は、吉角隊長に向かって

「あの波に乗ってもらえんかな」

すると隊長は、即座に

「じゃ、やりましょう」

何のためらいもなくビッグウェーブめざして漕ぎ出すと、三号からＯＫが出るまで、何度も波乗りにトライしてくれたのである。チキンハートな私には、とても真似できない。

きっと「山善会」に対抗できるいい絵が撮れたことだろう。

ランチタイムは、人気のない国崎の浜に上陸。お湯を沸かしてカップ麺をすすり、オニギリをパクつく。

いつもなら、食後は浜で寝てしまうところだが、今回は昼寝禁止を自らに課したので、必死に眠気と戦う。おかげで、置いてけぼりを食わずに、先頭で海へエントリー。みなが揃ったところで、相差《おうさつ》へ向かって漕ぎ始める。

それにしても南鳥羽は、ルビを振らなきゃ読めない地名が多い。どれも、本来の呼称が縮まったものだろうが、漁師は気が短いのだろうか。

あれっ、カングーのキーがない

鯨崎を過ぎると、ほどなく的矢《まとや》湾へ入った。対岸に見えるのは安乗《あのり》岬だ。中央に渡鹿野《わたかの》島がデーンと横たわっているので、湾内は湖水のように穏やか。

渡鹿野島の北岸を通って、緑の入り江に架かる真紅のアーチ・的矢湾大橋が待つゴールへ。予定より早い到着となった。

ところが、丸定旅館の桟橋からカヌーを引き揚げ、スタート地点に置いたトランポを取りに行こうとしたら、ポケットにカングーのキーがない。どうやら着替えたとき、トランポの中へ置き忘れてしまったらしい。

痛恨のミス。昼寝は我慢できても、睡眠不足の頭は働いていなかった。

こうなりゃジタバタしたって仕方がない。すぐさま月兎舎に電話し、野兎三号に予備キーを届けてもらう間、丸定のお風呂に浸かって潮を洗い落とし、ゆっくり疲れをほぐしたのである。

怪我の功名とはいえ、ツーリング後のお風呂は最高だ。次からは、毎回宿をゴールにできるといいな。

1

PADDLE
8
安乗〜船越

新春、岬めぐり

1／安乗岬の浜から艇に乗り込む。
2／航海の難所と恐れられた大王埼の海はベタ凪。太平洋岸は、総じて夏場より冬の方が穏やかだ。
3／甲賀沖でナマコ漁をする夫婦舟。このアングルだと、密漁船取り調べ現場のよう。
4／安乗埼灯台直下の岩礁を行く。

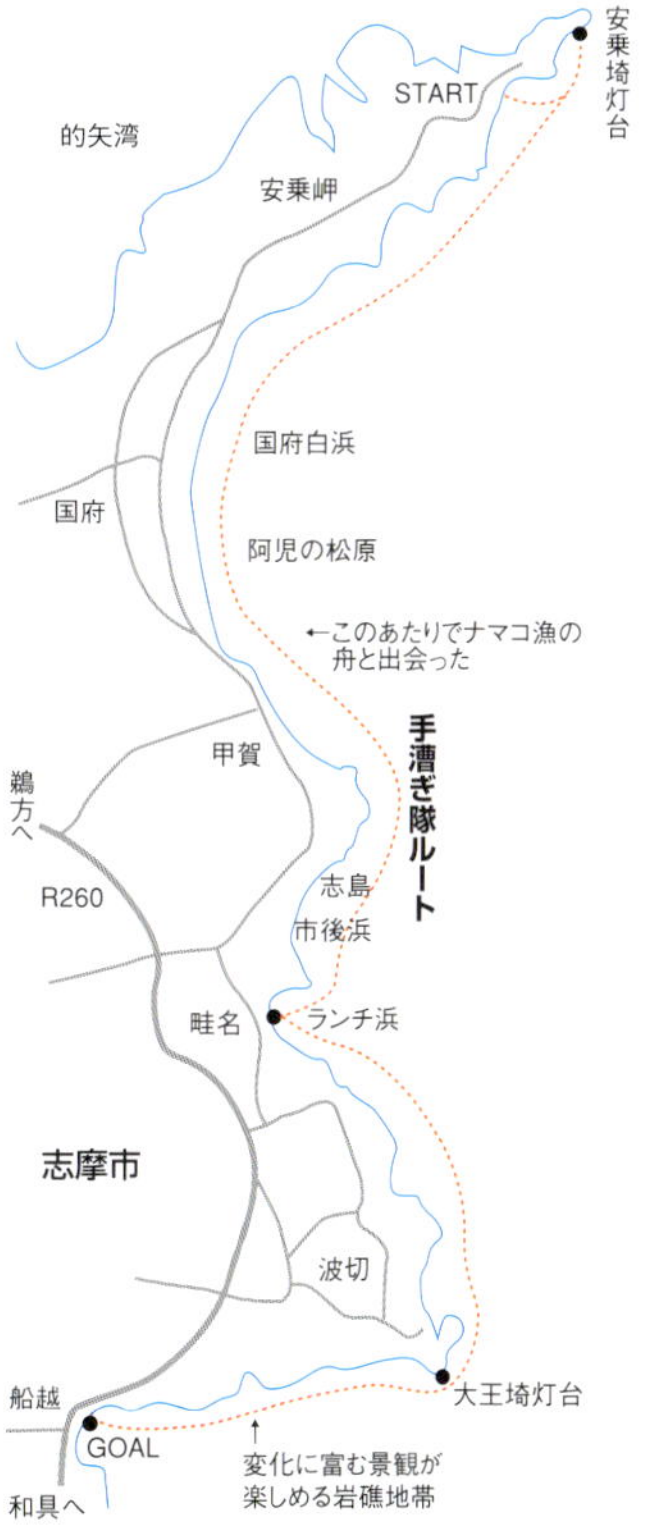

冬の海は寒いやろな。大王崎で流されたら、たぶん助からんやろな。

折しも、東日本を大寒波が襲い、風力発電所の巨大風車を倒して去ったところ。正月休みをコタツでぬくぬくと過ごした私は、すっかりビビリ・モードに陥っていた。

そこで、予定していた安乗《あのり》〜波切《なきり》の外洋ルートを、安全な英虞湾へ変更してもらうべく取材前夜、吉角隊長に電話を入れてみた。すると、

「強い低気圧が去った後だから、凪ぐかも。それに、大王崎あたりの海は夏場の方がうねりが大きいから、今のうちにやっつけときましょう」

隊長が「行く」と言えば、隊員は黙って従うしかない。それが「手漕ぎ隊」のオキテである。

今回は、準レギュラーの鈴木君（パドルコースト）が、スキー・インストラクターの出稼ぎに行ってて留守なので、撮影担当の波兎三号を乗せる二人艇の漕ぎ手がいない。

私一人が被写体になってもしょうがないので、隊長と私がシングル艇を漕ぎ、三号には車で移動しつつ、陸から撮影してもらうことにした。

たまには俯瞰カットも欲しいしね。

ナマコ漁の夫婦舟

冬至から約半月が経ち、日は少しずつ長くなっているものの、まだ日没が早い厳寒期。明るいうちにツーリングを終えてしまおうと、午前七時に磯部《いそべ》の道の駅に集合、ゴール予定の船越へと車を走らせる。

ところが、コンビニで昼食を調達し、スタート、ゴール、ランチの浜をゆっくりロケハンしていたら、出航が十時三十分になってしまった。

きんこ（干しイモ）が干される安乗の堤防でウェットパンツとパドリングジャケットに着替え、新春の海へ。

隊長の予想通り、ベタに近い凪で、日射しも春を思わせるほど暖かい。

日焼けに弱い私は、いつもなら首まで覆いのあるキャップを被るのだが、季節が季節だけに防寒対策のニット帽で、サングラスも省略。

太陽を背に安乗埼灯台へ行くまではよかったが、折り返して波切をめざす道中、のべつ逆光に向かって漕ぐはめになり、おかげで後日、顔の皮膚が水ぶくれになってしまった。

外洋の荒波を受ける岬の周辺には、アワビやサザエの棲んでいそうな岩礁が広がっている。

逆光だと水面下にある岩の存在がわからないので、油断しているとパドルのブレードがヒットし、ガガッといやな音がする度に冷や汗をかく。凪いだ海とはいえ、岸に近い岩場では、寄せる波と引く波が入り乱れるので、思い通りのコース取りが難しい。

サーフィンで有名な国府《こう》白浜まで漕

いでいくと、海底の色が急に明るくなった。水深が浅いので、白砂が太陽を反射しているのだ。シーズンを問わず、波間にサーファーが揺れる浜も、さすがに今日は凪のウィークデーとあって、人っ子一人いない。

　ゆるやかに弧を描く阿児《あご》の松原沖を漕いでいくと、何艘かの小舟に出会った。どの舟も、漁師がうつぶせになり、箱メガネで海中を覗きつつ、巧みに片手で船外機を操っている。

　その中に、夫婦で漁をする舟がいたので、近寄って話しかけてみた。

「何とってるんですか」

「ナマコや」

「へぇー」

「あんたらどこまで行くん」

「安乗から波切まで」

「寒いのに、ようやるな」

　のんびり漁をする夫婦舟に別れを告げ、市後《いちご》浜を過ぎて畦名《あぜな》の浜に上陸すると、陸路を先回りした三号が待っていた。車で水やコンロを運んでくれたので、荷物が少なくて大助かりだ。

海上での片手撮りは

　午後は、いよいよ大王崎へ。熊野灘と遠州灘を分かつ航海の難所をまわるのだ。ここを過ぎれば、桑名から新宮までの手漕ぎ隊も、ようやく後半へさしかかる。

　いつになく緊張して漕ぎ出したものの、追い風に乗ってカヤックはぐんぐんスピードを上げ、あっけなく大王埼灯台に着いてしまった。

　風裏に入ったので、ほっとして交互に記念撮影を始める。

「灯台をバックに写真を撮るなんて、いかにも観光地ぽいな」

隊長は苦笑するが、海上では稀だろう。

　シングル艇同士の撮影では、撮る方も撮られる方も流されるので、シャッターチャンスがつかみにくい。一方の手にパドルを掴んでの片手撮りは画面を水平に保ちにくく、かといってファインダーばかり覗いていると、岩にぶつかったり、不意の横波を受けてカメラを水没させてしまうから、こっちの注意も怠れない。

　カヤックならギリギリ通り抜けられる海蝕洞があったり、鵜が鈴なりの岩があったり。波切から船越までは、変化に富んだ海岸線がつづくので、お互いがモデルになって写真の撮りっこをしていたら、船越の浜へ着く頃には、すっかり冬の日が西へ傾いていた。

　遠州灘へ流されずに済んで、めでたし、めでたし。

ホットコーヒーが沁みるぜっ。

PADDLE
9
船越〜田曽

真珠の迷宮・英虞湾

NIKONから超望遠
レンズ借りました。

1／登茂山園地より。奥には賢島のホテル群が。
2／賢島大橋をくぐって。
3／英虞湾と太平洋をつなぐ深谷水道。
4／賢島橋を近鉄特急が行く。
5／間崎港の前を横切る遊覧船エスペランサ。
6／田曽白浜へ上陸。波のパワーがあるので、
ここで艇を横に向けると陸沈を食らう。

当初のテーマは「船上のメリークリスマス」だった。

ケーキを持参し、旬の地かきを取ったりして、数艇で海上パーティーとしゃれ込むつもりだったが、あいにく聖夜は天候に恵まれず、結局別の日に、いつもの三人でいつものように出かけることになった。

撮影担当の波兎三号には、今回も車で陸路をまわり、高台から俯瞰でわれわれの艇を狙ってもらうことにする。彼はニコンからバズーカ砲のような超望遠レンズを借用中なので、どんな風に写るのか楽しみだ。

スタートは志摩市大王町の船越。ここから外海に漕ぎ出し、深谷水道を通って英虞《あご》湾へ入り、賢島、間崎《まさき》を経由して南伊勢町の田曽白浜をめざす。

波兎三号のパジェロで伊勢道路を越え、五ヶ所で隊長と合流し、ゴール予定の田曽白浜へ。カヌーを積んだハイエースに乗り換えるべく、ヒーターの効いた車を降りた途端、急にお腹が冷えたのか便意をもよおした。

船越へ向かう途中のコンビニで、昼食を調達するついでに用を足すが、数日前にもらった風邪が治りきっていないので心配だ。船越で艇を降ろしていると、今度は吉角隊長がもよおしたようで、近くの公衆トイレへ駆け込む。やれやれ。

シーカヤックは、ひとたび乗り込んだら、上陸するまでトイレに行けないので、特に真冬は気を遣う。出す物を出してから、ウェットパンツを履き、ライフジャケットを身に着けたら、腹巻き効果でお腹の具合が良くなった。

御木本幸吉が開けた運河

大晦日に火祭りが行われる船越浜の沖に出ると、波風はほとんどないものの、低気圧の接近で少しうねりが出ている。明日は雨の予報だ。

大王と志摩の町境を横断する深谷水道を抜けて英虞湾へ。真珠養殖で知られる奥深い入り江は、海水が出入りしにくいため、赤潮が発生しやすい。そこで真珠王・御木本《みきもと》幸吉《こうきち》は、熊野灘の新鮮な海水を湾内へ引き込むべく、前志摩半島のくびれに運河を開けたのである。

おかげで船越の漁船は、御座《ござ》岬を回らずとも、最短距離で外海と行き来できる。時おり行き交う船が、波が立たぬよう減速してくれるのでありがたい。志摩の漁師は親切だ。隊長によると、カヌー乗りが嫌われている海では、露骨な嫌がらせを受けることもあるとか。

複雑に入り組む海岸線を、真珠筏やノリソダを避けながら漕ぎ進み、登茂《とも》山《やま》の先端を回り込んで賢島へと舳先を向ける。高台からは、波兎三号が望遠レンズでわれわれの姿をフォーカスしているはずだ。

多島海とも称される英虞湾は、外海が荒れている時でも波が穏やかなので初心者でも安心だが、海からだと島と岬の区別が付かないから、海図は持っていったほうがいい。

間崎でランチ

海沿いに建つ巨大ホテル賢島宝生苑《ほうじょうえん》を目印に、湾の奥へと向かう。

近鉄線と国道二六〇号が併走する橋を潜り、志摩観光ホテルの傍らに架かる賢島大橋に近づいて行くと、橋上に波兎三号の姿があった。

賢島は二本の短い橋で陸地とつながっており、陸路だと島に渡るという実感がない。徒《かち》(歩き)でも渡れる島ということから、徒越え島と呼ばれ、それが賢島の語源という。

橋からのカットを撮り終えると、波兎三号は先に浜島へと移動。隊長と私は、ランチ休憩のため間崎島へ。

観光船や定期船を避けつつ、島の西端にある港へ上陸。ゆるやかに弧を描く白砂のビーチで、ヤシやハマユウが迎えてくれた。

朝は寒かったものの、ぐんぐん気温が上昇し、ほとんど休みなく漕いだため、ジャケットの中は汗びっしょり。例によってカップ麺とオニギリの昼食を摂っていたら、目の前を「パイレーツ・オブ・カリビアン」に出てくるような観光船が通り過ぎて行った。

ププーッ。汽笛とともに和具からの定期船が入港し、島民らしきお婆さん一人を降ろして去っていく。それにしても、サーモンピンクとは派手だ。もっとも、我々のカヤックとてイエローにパープルと負けていないが。

娘満載のキャノンボール

午後の海へ漕ぎ出すと、冬至から間もない太陽は早くも西に傾き、黄色みを帯びた逆光に照らされる。

真円の養殖真珠が生まれた多徳島《たとく》、ミキモトの作業場がある新多徳を過ぎていくと、白波を蹴立て、猛スピードで近づいてくるボートがある。合歓の郷のキャノンボールだ。

娘たちを満載し、カーブで水飛沫を上げるたび、キャーキャーと歓声が上がっている。真冬というのに寒くないんかな、と思いつつ、船頭がちょっぴりうらやましい。

英虞湾口の北側に位置する矢取島《やどり》を越えると、海がうねり出し、時おり波がデッキを洗うようになってきた。

ホテル志摩石亭下の岩礁では、大きな波がブレイクしている。あんなのに乗ったらひとたまりもないので、沖合を巻いて行く。

最後の撮影ポイント磯笛岬で、崖の上の波兎三号に手を振り、南張《なんばり》のビーチを越えると、ゴールの田曽白浜が見えてきた。

PADDLE
10
神津佐〜内瀬

1

楓江ピクニック

2

1／波の穏やかな湾奥でひと休み。
2／湾口近くの岩場は、それなりの迫力。
3／伊勢路川河口は鏡のように静か。
4／シングル艇だけが通れるタイトな海蝕洞。
5／手漕ぎ舟どうし、海上であいさつ。
6／ランチタイムにまたもや爆睡してしまった。
7／波兎3号の前席を漕ぐ鈴木くん。

誰のせいだか、天候不良で三度も延期となり、いよいよ締切まで後がなくなったので、天気はイマイチだが決行することに。ま、波の穏やかな五ヶ所湾だから、なんとかなるだろう。

崖の上の別荘が心配だ

二人艇のナキリと、シングルを二艇積み込み、サニーロードで五ヶ所湾へ。四度目の正直となったこの日は、快晴とはいかないものの、まずまずのパドリング日和だ。

ようやく取材できる安堵感と、近所の穏やかな湾という安心感から、誰の顔にも緊張感がまるでない。案の定、車を停めておくゴール予定の内瀬《ないぜ》を行き過ぎてしまった。

スタートは、湾奥の東側に位置する神津佐《こんさ》。ここから宿浦《しゅくうら》方面へ向かい、湾口を横断して礫浦《さざら》のビーチへ上陸。中津浜を経由し、伊勢路川河口の内瀬へ帰ってくるというコース。全行程で十キロほどだから、休まずに漕げば二時間でゴールしてしまう。

これじゃ、緊張感がなくなるのも無理ないか。

今回も、準メンバーの鈴木一成くんが参加。後席に波兎三号と重いカメラバッグを乗せた二人艇を漕いでもらう。

午前十時、離岸。オレンジと赤と黄色の三艇は、真珠筏を避けながら、新緑に縁取られた五ヶ所湾を行く。点在する小島が、ブロッコリーを浮かべたようで、心を和ませてくれる。

短距離の移動なのか、船外機があるのに、木船を櫓漕ぎする老人がいたので「おはようございます」と声を掛けてみる。釣り人だったら、喧嘩になるので絶対に近寄らないが。

「あんたら遊びかいな。それにしても、そのフネは速いのう」

同じ手漕ぎでも、こっちは極限までシェイプされたＦＲＰ艇を、カーボンシャフトのパドルで漕ぐのだから、スピードはそっちの三倍くらい出るのだ。

飯満《はんま》の岬を回り込むと、岸に地蔵さんが立っていた。どうしてこんなところに。身内が海難事故に遭った誰かが祀ったのだろうか。それとも、海上安全の見張りに漁師らが建てたのか。

複雑に入り組むリアスの海岸線を行くと、見上げる崖にいくつも別荘が建っている。確かに景色は良かろうが、台風時はだいじょうぶなんだろうか。中には屋根が飛ばされ、窓ガラスの割れた家もあったが。

集落は、波の穏やかな浦々につくられたが、日常を過ごさない別荘は、絶景が最優先なのだろう。

石ころの上だって眠れる

黄金週間も終わったというのに、海水はまだ冷たい。そういえば、低水温によりアコヤ貝が大量死していると新聞が伝えていたが、心配だ。

水面近くを漕いでいると、ホンダワラやテングサなどの海藻が流れてくる。試しにヒジキを拾って食べてみたが、生じゃおいしくなかった。

「おやつにしませんか」

鈴木くんの申し出をシカトして先を急ぐ。腹ペコなのはこちらも同様。おやつじゃ足りないから、一刻も早く上陸して昼飯にしたいのだ。

ゆるやかにうねる湾口を横切り、礫浦の小さなビーチに上陸。ほかの三人は湯を沸かしてカップ麺を作っているが、コンビニでオニギリしか買ってこなかった私は、立て続けに三個を腹に収めると、急に眠気に襲われ、そのまま浜辺にごろり。

「おっ、アメフラシの卵があるぞ」

「股間に乗せといたろか」

一号と三号の声がだんだん遠くなり、やがて意識を失ってしまった。

寝不足と疲労が重なれば、堅い石ころの上だろうと、人は眠れるものだ。

ガサゴソと音がするので目を覚ますと、ほかの三人はすでに出発の準備を始めていた。スプレースカートを付けていないのは私だけ。置いてけぼりは御免と、慌てて支度し、午後の海へとエントリーする。

東映みたいに撮って

一時間ほど爆睡したおかげで、頭はスッキリ。取材を終えて帰舎後も深夜まで仕事をするので、眠れてよかった。久々のパドリングで、肩こりもとれているといいのだが。

「この先に海蝕洞がありますよ」

隊長の後に付いていくと、シングル艇なら通り抜けられる小さな洞門があった。一回り図体のでかい二人艇は、離れて撮影に専念。

中津浜の先端、尼崎灯台へ行くと、湾口から押し寄せる波を受け止めて、岩が豪快に波飛沫を上げている。

「東映のタイトルバックみたいに撮って」と三号にリクエストし、岩礁に近づこうとするが、寄せる波と返す波に艇は翻弄されてしまう。

湾の奥へ進むに連れて、波はしだいに穏やかになり、志摩ヨットハーバーを通り過ぎる頃には、湖面のような静かさとなった。

平日にも関わらず筏釣りをする人を遠巻きにして、さらに奥へ。視線を合わせようとしない釣り人もきっと「平日なのにカヌー遊びなんかしやがって」と思っているに違いない。

みかん畑のある内瀬の山が迫ってきたら、ゴールの伊勢路川河口はすぐ。干潮時に干潟となるこの岸辺には、本州最大級といわれるハマボウの群落があり、盛夏にはハイビスカスのような黄色い花を咲かせる。陸路でもアプローチできるので、機会があればぜひ観賞されたい。

これが手漕ぎ隊の正装だ

パドル
櫂（かい）、つまり水掻き。両端のブレードは約90度ひねってあり、水をキャッチしやすくなっている。カーボンのシャフトと、FRPやABS樹脂のブレードの組み合わせが主流。二分割タイプもある。

キャップ
海上に日除けはないので、帽子は必須だ。通気性がよく、濡れてもすぐ乾く素材を。肌が弱い人には、耳や首を覆うタイプもある。ホワイトウォーターではヘルメットを着用。

サングラス
太陽を反射する水面を見続けることになるので、晴天時のパドリングには欠かせない。もしもの沈に備えて、眼鏡バンドを。

パドリングジャケット
水しぶきや風から身を守ってくれるウエア。上陸後の風除けにも有効。夏場は半袖を使用。スプレージャケットとも。

ライフジャケット
これを着用せずに海へ出てはいけない。もしも漂流したときに発見されやすい赤黄系のカラーを。小さくて浮力のあるタイプが漕ぎやすい。

スプレーカバー
コクピットへ水が浸入しないよう、開口部を覆うカバー。ウェットスーツ素材のネオプレン製が主流。スプレースカートともいう。

ウェットパンツ
体温の低下を防ぐ防水スーツで、膝上丈のショート、踝までのロング、腕以外の全身が覆われるロングジョンを、気候に応じて使い分ける。

パドリングシューズ
水はけがよく、保温性の高いネオプレン製で、ラバーソールが一般的。親指が分かれているタイプの方が、踏ん張りが利く。

馬越峠（撮影／樋口一成）

世界遺産 **熊野古道伊勢路**

お問い合せは
東紀州地域観光圏協議会（東紀州観光まちづくり公社） http://higashikishu.org/
紀北事務所 〒519-3695 三重県尾鷲市坂場西町1-1 TEL0597-23-3784 FAX0597-23-3785
紀南事務所 〒519-4393 三重県熊野市井戸町371 TEL0597-89-6172 FAX0597-89-6184

吉角隊長の手漕ぎ塾①シーカヤック

海の天気を地図上でイメージせよ

シーカヤックに限らず、海で遊ぼうと思うと、天気を気にするようになる。最初の頃は、「晴れ時々曇り、降水確率10%」の予報で海にでかけたものの、晴天には違いないが風が強くて波も立ち、とても遊べるような状況では…なんてことが結構ありがちだ。

シーカヤックにとっての大敵は、雨ではなく風や波だ。大雨はともかく、普通の雨なら装備次第で何とでもなるし、漕げばどうせスプレーを浴びる。暑さ寒さもウェアの選択で何とかなる。何ともならないのが風や波。楽しく遊ぶには、それが自分にとってどの程度（漕ぐ場所や方向、距離）なのかを知らなければならない。

三重県の南部、太平洋に面したリアス式海岸は、景色が素晴らしいだけでなく、入り江の奥はとても静かなので、カヤッカーにはありがたいフィールドだ。外海は大荒れでも、湾奥では遊べることが多い。そういう場所には昔から人が住み着くので、たいてい港がある。

沖に向かって開けた浜へ、海から風が吹き込んでいれば、漕ぎ出すのは大変だ。浜から沖へと吹いている場合は、波打ち際は静かなので、エントリーは比較的容易だが、沖に流されると波が大きくなってひどい目に遭うことも。

そんな風に、我々シーカヤッカーは海の状況を予測して出かけるのである。

普段参考にしているのが、地図と天気予報だ。天気図を見、天気予報を聞いて当日の気象状況を把握し、それを地図上に当てはめる。いきなり天気図を読むのは難しいので、天気の入門書を1冊読み、空を見上げて雲を観察するところから始めるといい。

世の中には色々な地図があるが、シーカヤックでは海図や地形図を使いこなせるようにしたい。今度どこへ行こうかと地図を見て想像するのも、シーカヤックの楽しみだ。

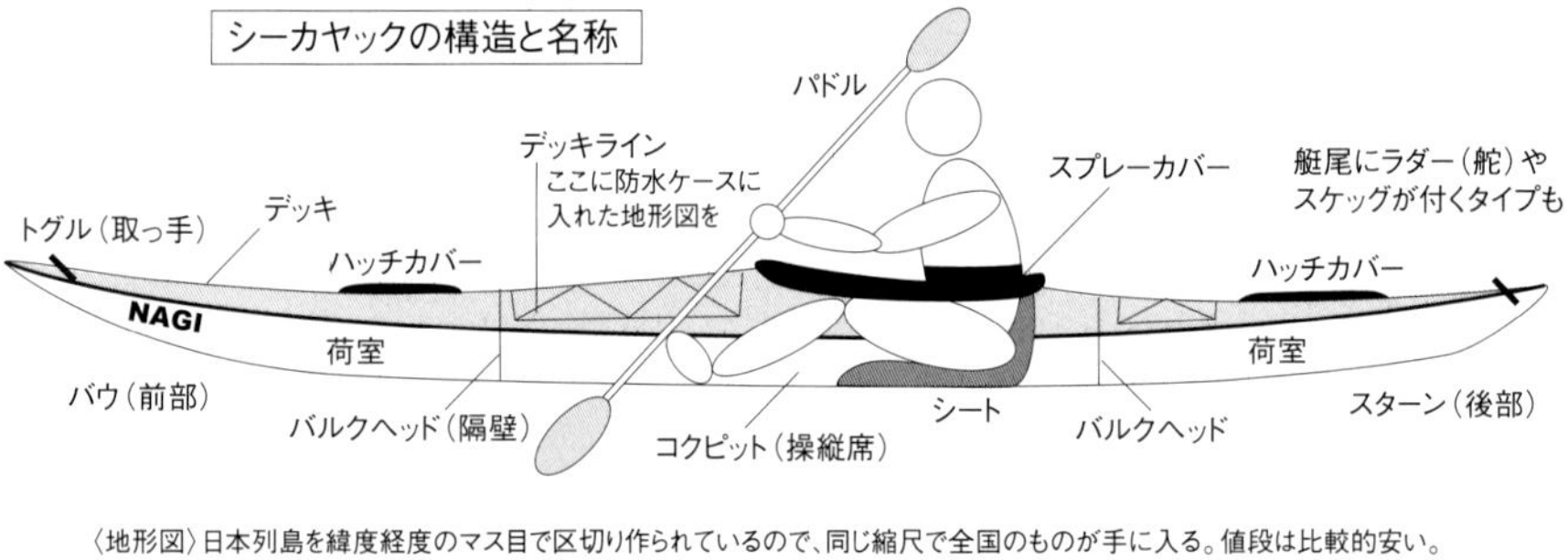

〈地形図〉日本列島を緯度経度のマス目で区切り作られているので、同じ縮尺で全国のものが手に入る。値段は比較的安い。
〈海　図〉日本沿岸を航海する船舶の為に作られており、大まかな水深や潮流など、細かな情報が載っている。大判で値段は高い。
◎地形図メインで、必要に応じて海図を利用するのが現実的。

熊野灘を漕ぐ

撮影／高田健司

洞窟探検は楽し

PADDLE
11
相賀〜新桑

1

1／親子橋（南島大橋・阿曽浦大橋）を潜る隊長と波兎2号。
2／鵜倉半島の先端近くにある海蝕洞。
3／東宮の砂利浜でキャンプ。
4／ランチに上陸した岩場。
5／岩が入り組んで、渓流下りのよう。

日焼け止め
塗ってます。

日頃の行いがよいせいか、一泊二日の日程にも関わらず、両日とも微風の晴天に恵まれた。

コースは、相賀浦《おうか》から新桑竈《さらくわがま》まで南伊勢町の海岸線である。当初は一日目に新桑まで漕いで「ロッジさらくわ」に泊まり、二日目は錦か紀伊長島まで一気に距離を稼ごうかとも考えたが「全行程の中でも特に景色のいいところなのに、ここを素通りするなんて」吉角隊長からお叱りを受け、二日に分けてゆっくりリアスの海岸美を楽しむことにした。

波兎三号は、一日目はパジェロで陸路からわれわれを狙い、二日目はスキー場の季節労働から戻った鈴木君と二人艇に乗る手はずだ。これで写真にもバリエーションが出るだろう。

スタートは思い出の渚

午前十時三十分、隊長とシングル二艇で、相賀浦のニワ浜をスタート。

ここは、私にとって思い出の渚である。ワイルドワンズが歌ったような甘酸っぱいものではなく、苦い思い出の。

私のシーカヤック初体験は、今から約二十年前、この浜でこのメンバーでだった。隊長に艇尾を押されて先に岸を離れ、まっすぐ沖へ出た私のウッドカヤックは、方向転換しようとした途端、バランスを崩して裏返しに。

最初は何が起こったのか分からず、沈脱（転覆した艇からの脱出）を教わってなかった私は、しばらく逆さまになって海中の景色を眺めていた。季節もちょうど今頃で、海が同じように澄んでいたのを懐かしく思い出す。あれ以来、沈の経験はないが、今思い返しても、エッジの立ったウッドカヤックは、とても初心者向きではなかった。

外洋へと漕いでいくと、崖の傾斜がきつくなり、熊野灘の荒波が削った彫像のような奇岩が次々と現れる。亀やカエル、ゴリラのように見える岩、大小さまざまな海蝕洞、さらには何万年か前（年代は不明）に隆起した地層を露わにした岩があったりして、リアスの海岸線は見飽きることがない。

吉角隊長の提案に、深く頭を垂れる私であった。

カメノテにハマる

ランチに上陸したのは、贄《にえ》湾口にある岩場のタイドプール。プロペラ付きの船ではまず行けないプライベート・ハーバーだ。

岩間にはびっしりとカメノテやフジツボ、イソモノが付いていて、夕食用に少しいただいていくことに。潜ればサザエやアワビもいそうだが、泳ぐには季節が早いし、漁師の領域を侵すことは許されない。

海鳥が営巣しそうな高台で、贄湾と鵜倉《うぐら》の雄大な景色を眺めつつ、いつものようにカップ麺をすする。

午後は、鵜倉園地で望遠レンズを構える三号とケータイで連絡を取りながら、東へ西へと贄湾を移動する。

航路を避け、岸伝いから最短距離で湾を横断する吉角隊長の後ろで、斜めショートカットを繰り返していたら、「交差点を自転車で横切るのと同じだから危険です」と叱られてしまった。

真紅のペイントが鮮やかな通称・親子橋の下を何度か往復し、予定カットを撮り終えると、四時半に鵜倉半島の付け根に近いビーチへ上陸。さっそく三号のパジェロで、近くのスーパーへ夕食の買い出しに行く。

流木の焚き火を囲みつつ、ニンニクたっぷりの焼き肉、パックの刺身、海で調達した貝の塩ゆでに舌鼓を打つ。初めて食べたカメノテの旨さに、すっかりはまってしまった。それにしても亀の手とは、見てくれにぴったりのネーミングだ。

焼酎の酔いも手伝って、三ヵ月ぶりのパドリングで疲れた私は、一番先にテントの寝袋へ。燃え尽きるまで焚き火の番をし、最後に寝床についた隊長は、さすがである。

尻込みする三号を岩に

翌朝、日の出まもない時間に、船のエンジン音で目を覚ます。釣り客を、磯や筏に連れていく渡船である。平日の昼間だというのに、どの世界にも好き者はいるものだ。

朝食を摂っていると、鈴木君が登場。私以外の三人が、車をゴールの「ロッジさらくわ」へ置きに行ったので、私は持参した「ハンニバル・ライジング」（トマス・ハリス）を読んで時間をつぶす。レクターの妹ミーシャが男たちに連れて行かれ、幼児用バスタブがコンロの火にかけられたところで、三人が戻ってきた。

先を読みたい誘惑をぐっとこらえて二日目の海へと漕ぎ出す。シングル二艇が二人艇をはさむ隊列で、イワツバメの越冬地として知られる見江島《みえ》へ。ここを回り込んで奈屋浦《なや》へ至るまでの海岸線が、もう素晴らしかった。

ところどころ海面に岩が顔を出し、複雑に入り組んだ岩礁地帯には、図体のデカイ二人艇で入っても、内部でUターンできる広い海蝕洞なんかもあって、遊覧船による奇岩めぐりさながら。陸からじゃ、こんな景色にはついぞお目にかかれない。

「カメラが濡れるやんか」

尻込みする三号を岩に無理矢理上陸させ、俯瞰撮影させたために、思いのほか時間をとってしまい、おかげでゴールの新桑までは、寄り道を一切せず、ひたすら漕ぎに漕いだ。

4

❸

❷

1／古和浦湾口でツインの海蝕洞を発見。秘密基地から出動するサンダーバードの気分で撮影。

2／孫太郎の愛称で知られるカンムリウミスズメ。

3／かつては原発立地計画のあった芦浜。

4／座佐池の畔でキャンプ。

5／鏡のような座佐池を、泉ちゃんと遊覧。

初夏の訪れとともに天候が安定したので、久々のキャンプツーリングとなった。これで今晩は、大好きな焚き火が楽しめる。

　出艇地の「ロッジさらくわ」へ着くと、すでに一台の車が停まっていた。今回ゲスト参加してくれる平山泉ちゃん（新妻一号）だ。

新妻をレンタル？

　海外旅行とアウトドアが好きだった泉ちゃんは、初めて体験したシーカヤックに魅せられ、三年前に愛知から三重へ移住。パドルコーストの非常勤スタッフとなった。実は取材の一週間前に入籍したばかりで、嫁ぎ先の尾鷲市三木里から、単身駆けつけてくれたのだ。

　新妻を、おやじ三人組との一泊二日ツアーに借りるのは後ろめたいが、おかげでいつもと違う絵が撮れそう。

　ゴールの「孫太郎オートキャンプ場」へハイエースを回送し、錦のスーパーで昼食を調達して戻ったら、もうお昼前。今から出艇しても中途半端なので、海岸で湯を沸かし、カップ麺をすする。

　今日の予定は、古和《こわ》浦湾を遊覧するだけ。キャンプ地の座佐《ざさ》浜へは、直行すれば一時間とかからない。

　テントやシュラフに加えて、四人×三食分の食材、飲料水などをシングル二艇と二人艇に満載すると、艇の重量はそれぞれ一・五倍ほどに。

　今回私が漕ぐシングル艇はNagi。英国ノースショア社のマリナーをライセンス製造したもので、当然のことながら、私用に誂えられたわけではない。荒れた海では弱そうなネーミングだが、わが誌名と同じとは、愛おしさがこみ上げる。

　隊長と私がシングル艇、撮影担当の波兎三号は、新妻一号とタンデム艇に乗り、まぶしいばかりの新緑を映し込む古和浦へ。

　気温は二十度前後で、ベタ凪。これ以上ないコンディションだ。重い荷物のせいで喫水が下がり、軽快に艇を操れないが、行き交う漁船もなく、一気に湾を西から東へ横断する。

　湾口のうねりも穏やかだったので、波兎三号は意を決し、岩場に乗り移っての俯瞰撮影を試みる。地に足を着けて撮るのだから、ピント抜けや画面の傾きは言い訳できない。

座佐池のほとりで

　太陽が西に傾き、光線が黄色みを帯びてきた頃、再び湾口を横切って座佐の浜へ。

　はじめに隊長が、つづいて私が上陸するが、波をやり過ごすタイミングがずれ、隊長からの「ブレーキ！」指示にも即座に対応できなかったため、こってり叱られる。私は一度もスクーリングを受けたことがなく、ずっと自己流で漕いできたが、海を知る隊長は「それが通用するのは伊勢湾まで。熊野灘は波のパワーが違うので、ナメたらだめです」ときっぱり。

砂浜に荷物を降ろし、キャンプ地を散策すると、海浜植物の茂みの奥に、満々と水を湛える湖があった。座佐池である。三方を緑に囲まれ、野鳥が遊ぶ光景は、おとぎ話の世界のよう。隊長によると、この辺りは日本でも有数の海跡湖地帯で、中でも座佐池は最も大きく美しいという。

夕食前のひととき、湖に二人艇を浮かべ、新妻一号と遊覧する。不慣れな二人艇で、彼女のパドリングにタイミングを合わせられず、時々パドルをぶつけてしまい、

「パドル揃えた方が写真映りいいですよ」と言われてしまう。

テントを設営すると、隊長と泉ちゃんが夕食の調理に取りかかり、私と波兎三号は薪拾いを仰せつかる。

今宵のメニューは、おでんと豚キムチ丼に焼き芋。さらには、ロッジさらくわの瀧さんが差し入れてくれた鯛の燻製をつまみに、ハーフムーン梅しそ酎をストレートでグビクビ飲む。満天の星が瞬く頃にはすっかり出来上がってしまい、日頃の睡眠不足を解消すべく、まっ先に寝袋へ潜り込んだ。

カンムリウミスズメ発見

目が覚めると、野鳥の声がする。ウグイス、メジロ、ヒヨドリ…あとは知らない。テントから這い出して、二つに分かれた座佐池をつなぐ水路に行くと、カワセミのつがいが低空を飛んで行った。

やがて他の三人が次々と起き出し、泉ちゃんが朝食をつくってくれる。まるで新婚家庭の気分だが、家では専らお義母さんが料理してくれるので、アウトドア以外ほとんどやらないらしい。

焚き火の後始末をして、二日目の海へ。古和浦湾を出ると、すぐに芦浜が見える。かつては原発の候補地だったこの浜にも、美しい海跡湖がある。

錦港の沖を過ぎ、紀北町に差しかかると、小さな島々がいくつも浮かんでいる。島めぐりをしながら漕いでいくと突然、吉角隊長が制止の合図をし、声を殺してささやいた。

「静かに、カンムリウミスズメです」

見ると、すぐ近くの海面を、頭に白い冠を載せた、黒くて小さなつがいの鳥が波間に揺れている。耳を澄ますと、ピョロピョロと可愛らしい声が。これが、孫太郎の愛称を持つ天然記念物か。まさか実物に会えるとは。

その後、別のつがいが二箇所に次々と現れ、三艇がそれぞれ近距離で、違う被写体を撮影したのであった。動力船なら、こんな幸運には巡り会えないだろう。いつまでも、彼らが安気に暮らせる自然が守られますように。

❶

PADDLE
13
紀伊長島〜船越

紀伊の松島めぐり

text＝Hirayama Izumi

1／波兎3人が写った唯一のショットは、別の取材に来ていた松原豊カメラマンが撮影。

2／最も沖に浮かぶ大島へ。

3／孫太郎オートキャンプ場の浜から出艇。

4／大島の海蝕洞を潜る。

5／赤野島でキャンプ。自然保護のため、現在はキャンプや焚き火が禁止されている。

6／荷物をそれぞれの艇に積み込んで、赤野島を後にする。今日も梅雨空だ。


私が新妻1号こと平山泉で〜す。

その誘いは今回も突然やって来た。波兎一号こと、私のボス吉角隊長から電話が入ったのは、取材の前日である。

「明日さ、手漕ぎ隊の取材があるんだけど、行かない？」

「あ、はい。行きます」

ご挨拶が遅れました。今回のレポートをさせていただく新妻一号こと平山泉です。前号では、波兎三号のタンデム艇の前を漕がせていただき、顔写真が載らずに謎の新妻となっておりましたが、再び登場の機会を得ました。

行けるときは行くのよ

今回のツアーは、紀伊の松島と称される紀伊長島の絶景無人島巡り。

まずは、沖合い約四キロの大島へ。

ここ大島は上陸禁止のため、海上からの探検&撮影となった。このあたりの島々は希少な植物の保護区なので、立ち入りが厳しく制限されているのだ。

ここまで来ると、今日のような凪でも、大きめの波が入れば狭い岩場の通り抜けは注意が必要だ。まずは隊長が洞門をくぐりぬけ、波兎二号も後につづく。彼はちゃんと波を見ているのか、どうも不安だ。

撮影艇の私たちは、様子見のために艇を進めるが、行けそうと判断したので、前席の私がゴーサイン。ラダー担当の波兎三号に、右、左、と大声で指示を出す。いきなり漕いでごめんね。怖かったみたいね。後でぼやかれました。でも、行けるときは行くのよ。カメラが無事でよかったね。いい写真撮れたかな。

島々を撮影後、キャンプ地の赤野島に上陸。ここは季節や天気がよいと、夕日も日の出も見られるキャンプに最適の無人島。右手の対岸に古里《ふるさと》海岸の灯りがまたたいている。

今夜は、別のNAGI取材班が古里の旅館に宿泊しているらしい。携帯電話の圏内なので、取材の様子をお互い報告し合っていたが、やがて波兎二号の携帯が電池切れになり、以降の連絡が途絶えたもよう。取材前には、ちゃんと充電しとかないと。

夜中に小動物の気配が

流木を拾い集め、二号が得意の焚き火を始める。その間に、のんびりと夕飯の支度をする私。前号には、ほとんど家事をしないと書かれてしまったけど、失礼な。お義母様と一緒に料理くらいしてますよ。

今宵のメニューは回鍋肉。市販の素を使った簡単レシピだけど、好評でございました。

忘れ物キング（？）のわがボスは、料理は得意分野ではない。本日は、朝食の味噌汁用の味噌を忘れた。そのせいでレシピが変わるのを心配してたけど、食材と調味料と水さえあれば何でもできますよと料理を一手に引き受けた私。海上で、手のかかる波兎たちの面倒を見ているのだから、陸に上がったときくらい、ボスにはゆっくりしてもらわないと。

夜も更け、焚き火に群がる手漕ぎ隊。先ほどまで蚊や毛虫やカミキリムシなどに妙に好かれていた私だが、焚き火の煙でようやく落ち着いた。

テントに入ると、波の音だけが聞こえてくる。静かだ。夜中に、何か小動物がテントの周りを歩く気配が。小石を踏むかすかな音は、気味が悪いというより、自分も自然の中に溶け込んでいくような心地よさに感じられ、そのまま眠りについた。

味噌がなけりゃ昆布茶の素で

キャンプの朝は普段より早めに目が覚める。すでに誰かが起きて動き出している様子。テントのジッパーを開けると、昨夜一番遅くまで起きていた隊長が米を研いでいた。えらいっ。

朝食のメニューは、白飯と、味噌汁に使えなかった野菜の塩もみ、尾鷲産サンマの干物に納豆。キャンプでは手軽なのが一番だ。夕食のタチウオみりん干しもよかったが、サンマもおいしかった。

テントを撤収し、海に出た三艇は、ひとまず古里海岸へ。宿の取材をしていたNAGI別班と、海上と堤防からお互いを撮影し合う。陸の二人に見送られ、われわれは艇を湾口へ。

本日もまとまりのない三艇。鈴島のブロンズ像を撮影するべく、一人先行する二号。三号はカメラを取り出そうとせず、一号は、前に撮ったことあるからと通過。もう少しコミュニケーションがとれていれば、無駄がなくなる気がするんだけど…。

島勝《しまかつ》半島付け根の北東にあるダイヤ岩に行くと、おびただしいイワツバメが空に舞っている。自称鳥博士の三号によると、巣の場所を突き止められないよう、警戒音を発して飛び交っているのだそう。カンムリウミスズメのように、いい画が撮れたでしょうか。

昼前にゴールの船越海岸へ上陸。男たちは艇と荷物を陸揚げし、その間に私は昼食の用意。メニューは、「ロッジさらくわ」特製、鯛めしの素を使ったご飯と豆腐汁だ。味噌がなくても、昆布茶の素でお吸い物ができるのよ。「ごちそうさま」の頃、梅雨空を押し退けて、夏の太陽が顔を出した。もう少し早かったら、もっといい写真が撮れたのにね。

次回からは熊野灘のハイライト、尾鷲と熊野の断崖だ。外洋の波は、ナメてかかるとひどいめに遭う。波兎たちの前途安全を祈るばかり。

余裕があったら、三木里海岸のわが家にも寄ってね。お義母様特製の、おいしい魚ご飯をごちそうするわ。

❶

パドリングに難あり

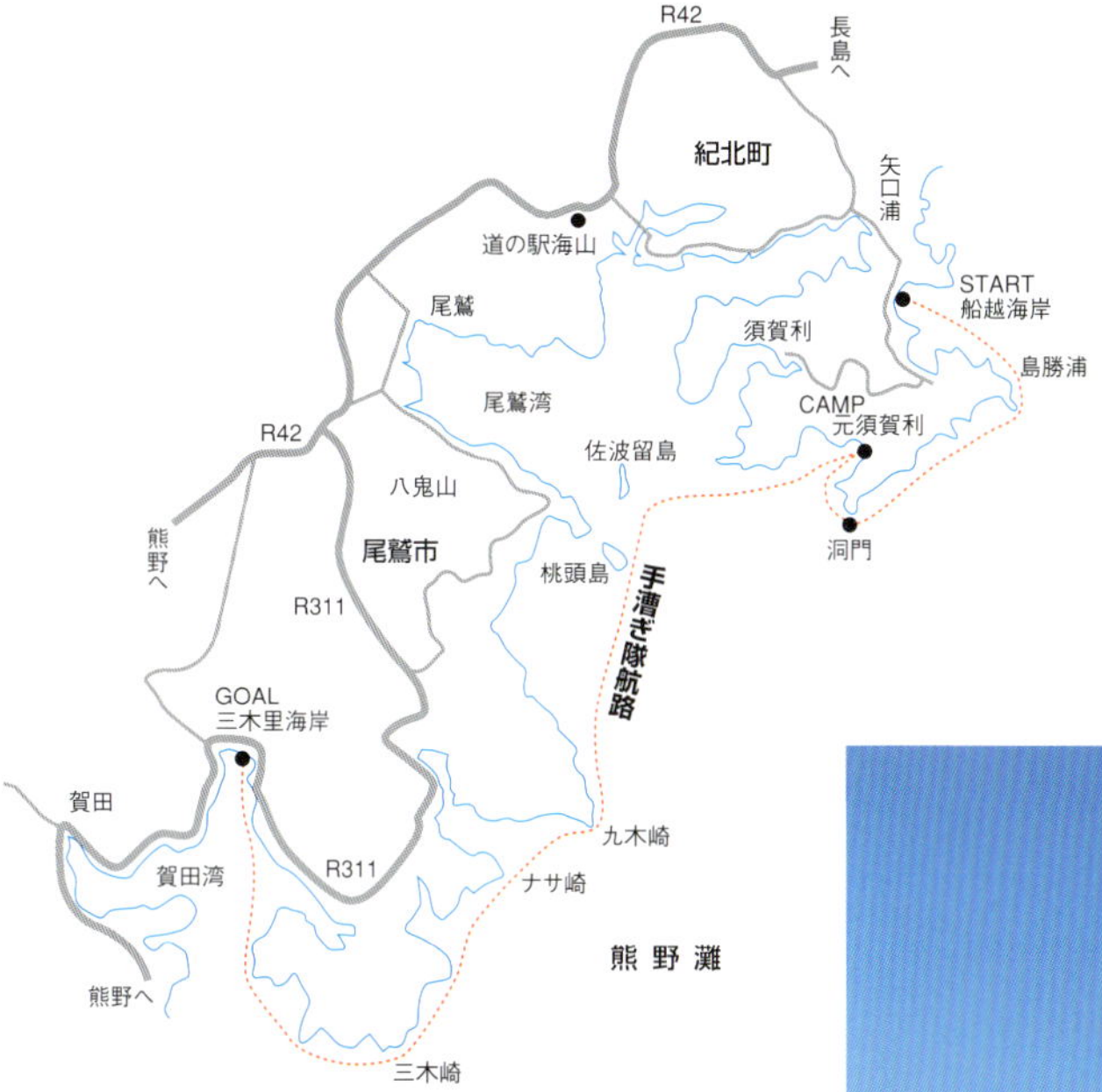

1／ジャンプするボラをパドルで狙う私と、「ブレードが邪魔や」と後席で怒鳴る波兎3号。
2／元須賀利近くの岩礁にはウニがゴロゴロ。でも採っちゃいけません。
3／沢崎の洞門を潜る。
4／深夜に目が覚めたので、満天の星を仰ぎ見つつ焼酎を飲む。

3

4

「お疲れさま〜
約束のさかなご飯よ」

2

夜明け前の月兎舎で、波兎三号を待っていると、ガラガラガラッと耳に馴染んだエンジン音がドアを震わせた。

煤煙のせいで都会から閉め出されたディーゼル車は、この時間帯だとノイズも辺りをはばかるが、カングーの前任に十三年間プラドを転がしていた私にとっては、がさつなエンジン音と振動が懐かしい。

波兎三号のパジェロは、今年オドメーターが四十万キロを越えた。車検のたびに新車を勧めたセールスマンも「こうなったら五十万キロをめざしましょう」と匙を投げたらしい。

子どもたちよ海で遊べ

パドルコーストで、これも二十五万キロ越えのハイエースにカヌーを積み、二台連なって東紀州へ。

スタート地点の船越海岸に艇と荷物を降ろすと、食材の買い出しと、ゴールの三木里《みきさと》へハイエースを回送しに、二人は出発。私は一人で荷物番だ。

堤防に座って海を見ていると、散歩中の老人が近づいてきた。

「あの船は転覆しませんか。起き上がる練習も必要なんでしょう」

カヤックを知らない人の質問は、いつも同じだ。あとは、「いくらするんですか」。私もそうだった。

聞けば、島勝小学校の元教師で、かつては生徒とともに手漕ぎ船で大島へ渡ったこともあるという。近ごろの、危険だからと子どもたちを海で遊ばせない風潮をとても嘆いておられた。全く同感である。

正午過ぎ、二人が戻ってきたので、そそくさと昼食を摂り、支度をととのえて海へ。

パドル落としました

隊長がショアライン、私は初めて波兎三号とナキリを漕ぐ。

島勝の岬を回り込んだところで小休止していると、不意に艇の近くで一匹のボラがジャンプ。それを合図に、数十匹のボラがいっせいに飛びはじめた。中には、艇にぶつかってくるヤツも。

慌ててデッキからカメラを取り出す隊長と波兎三号。そういえば二年前のちょうど今頃、津の海でもこんな光景に出くわしたが、あの時は波が高く、カメラを出せる状況ではなかった。

一週間前、尾鷲でカラスミの取材をした私は、夕食のおかずに一匹叩き落とそうとパドルを構えるが、すんでのところで届かない。挙げ句に

「フレーミングのじゃまや」

後席から怒声が飛んできた。

ボラのジャンプ大会が終わり、再び漕ぎ始めるが、なぜか艇が進まない。振り向くと、三号の手にパドルはなかった。撮影に夢中で、落としてしまったらしい。

「隊長～、ちょっと止まってくださ～い。パドル無くしました」

すぐに引き返した隊長が、三・〇といわれる脅威の視力（近くは老眼）で波間に揺れるパドルを発見し、回収してくれたので事なきを得たが
「いやー初心者スクールでも、パドルを落とした人はいないですよ」

「予備パドルなんて必要ないと思ってたけど、積んどくもんやな」

上陸するまで、波兎三号が二人にいたぶられたのは言うまでもない。

新妻特製さかなご飯

何回やってもテント張りが苦手な私は、明るいうちにと、荷物運びもそこそこに、自らのテントを設営。パドルを流した反省からか、波兎三号が夕食のコック長を買って出る。

メニューは「ちゃんこ鍋」らしいが、鶏肉に豚肉にソーセージでは、肉気が多すぎやしないか。知床で覚えたというショウガたっぷりの味付けも。三人なのに、何でうどんが五玉。これ以上書くと、次回食事当番をさせられそうなので、ここらで止めとく。

ビールの酔いも手伝い、お腹がふくれると早くも眠気が。まだ六時半だ。こんな時間に寝たら、真夜中に起きてしまう。焚き火の番をしながら、眠い目をこすっていたが、八時には限界に。案の定、午前二時に目が覚め、三号と天体写真を撮るはめになった。

おかげで、二度寝後の起床は八時。たまたま同じビーチに野営したソロカヤッカーは、すでに荷物を積み終え、早くも出発するところ。

「あれが正しいツーリングです」

吉角隊長が嘆く。われわれが朝食を終え、元須賀利を後にしたのは十時過ぎだった。

尾鷲湾口を渡ると、やや波がうねりだしたが、この辺りの海にしては特別静かなほうだ。追い波なので艇速は伸びるが、隊長のようにスイーッと波に乗れず、いつものようにシングル艇でないのがもどかしい。

「ちゃんとラダー操作してよ」

「もっと全力で漕げよ」

二日目だが、二人艇のチームワークは改善されない。私の漕ぎ方が悪いため、後席に飛沫も飛ばしているようだ。

「ブレードを水から上げるとき、手首返しちゃダメですよ」

隊長からも指導を受けた。

ゴールの三木里海岸が近づくと、浜辺に人影が。ちょっぴりお腹がせり出しているような。もしや新妻一号か。

「あれー、シングルに乗ってたの吉角さんか。どうりで、吉川さん漕ぐのうまくなったなと思った」

彼女にまで言われてしまった。

やや芯の残る新妻一号手製のさかなご飯を三杯ずつお代わりし、今回のツアーはめでたく終了となった。

PADDLE
15
三木里〜大泊

柱状節理の岩、岩、岩

1／三木里ビーチで出艇の準備。

2／神須ノ鼻にあるガマの口は大迫力。

3／沖から楯ヶ崎と千畳敷を望む。

4／大泊海岸で駆け寄ってきた人懐こい犬。

5／キャンプツーリングでは、これだけの荷物がカヤックに積み込まれる。

6／海蝕洞の中から外を見るとこんな感じ。

7／缶切りを忘れたが、食い意地の張った波兎3号が力業で開封。お餅を焼いてぜんざいが食べられた。

手漕ぎ隊の旅も、いよいよ残りわずかとなった。

今回は、尾鷲の三木里海岸から漕ぎ出し、熊野の新鹿《あたしか》海岸に一泊して大泊《おおどまり》へゴールする予定だ。最大の難所と目されていたルートで、しかも時は年が明けて間もない真冬。かつてない緊張感に襲われつつ、国道四十二号を南下する。

いつもなら、ゴール予定地に車を一台回送しておくが、今回は少しでも早くスタートするため、二台とも三木里に乗り捨て、大泊へ上陸後にJRで取りに戻る作戦に。冬の日は短い。モタモタしてると、新鹿へ上陸する前に日が暮れてしまう。

矯正下着と格闘するように

正月明けの膨らんだ体を、タイトなウェットスーツに押し込み、さらにスプレーカバーでウエストをギュッと締め付ける。餅をたらふく食べ、コタツに寝ころんで過ごした日々を、今さら悔やんでも遅い。矯正下着と格闘する女性の苦労が偲ばれる。

今回も、私波兎二号と同三号が二人艇のナキリを、吉角隊長がシングル艇を漕ぐ。

ほんとうは私もシングルの方がいいのだが、万一転覆したときに、隊長が二人艇では迅速にレスキューできないからだ。伊勢湾ではそんな心配は無用だったが、熊野に寄せる波は決して侮れない。

澄み渡るビーチを出艇し、波静かな賀田湾を快調に漕いでゆく。

前回は不慣れな二人艇で、後席の波兎三号とパドリングのリズムが全く合わなかったが、今回は息もぴったり。「スプレーが飛んでくる」といったクレームも聞こえてこない。

湾口に出ると、追い波にもうまく乗って、艇はスピードアップ。

真下から見上げる柱状節理

尾鷲から熊野にかけての海岸線は、柱状節理の断崖に圧倒される。角柱を並べたように花崗岩が露出しているもので、斜めにズレ落ちてオーバーハングしたり、海蝕洞を形成している箇所もある。

普段なら、とても直下までは近づけないが、海は珍しいほど凪いでいる。「何度か漕いでるけど、こんなに静かなのは初めて」と隊長。

洞窟に入り、柱状節理を真下から見上げると、今にも巨大なゾウの足に踏まれるよう。

「すごい、すごい」を連発しながら、調子に乗ってシャッターを切りまくっていた波兎三号は、いつの間にか奥で砕けた波のシャワーを、背後から浴びることに。前面だったら、高価なカメラがおシャカになるところだった。

名もない断崖でもこれほどの迫力なのだから、名勝・楯ヶ崎ならさぞや、と期待して行ったものの、一同その姿にいささか拍子抜け。楯ヶ崎は、陸路からアプローチして、千畳敷の展望台から眺めるのが正しい。

この海域は磯釣りのメッカで、正月明けの平日というのに、岩場の至る所に釣り人の姿があった。

気温三度のビーチで

午後三時過ぎに新鹿海岸へ上陸。服を着替えてから、浜の隅にテントを固めて張る。シーズンオフゆえ、本来はキャンプ禁止なのだが、夜を徹して漕ぎ続けるわけにもいかない。地区の住民に迷惑をかけぬよう、静かに一晩だけ夜露をしのがせてもらう。当然ながら焚き火は自粛だ。

あずまやで、寒さに震えながらカレー鍋を作り、冷えた体を暖める。アウトドア料理の基本はスパイス。それも、家庭では考えられないくらい、たっぷり使うのがポイントだ。とくに、ニンニク、ショウガ、コショウ、トウガラシなどは、食欲を増進させ、疲れを取り、体を芯から暖めてくれる。

気温は三度。あまりの寒さに、とても持参したビールを飲む気になれない。

隊長と二人で、アルコールを探して集落を歩くが、午後七時にして開いている店が見当たらない。仕方なく、新鹿駅近くの自販機でカップ酒と焼酎を調達。サンマの缶詰を肴にチビチビやり出すが、焚き火なしではとても耐えられないので、早々に切り上げてテントの寝袋へもぐり込む。

あまりに早く寝ると、深夜に目覚めてしまうため、しばし読書でもしようと文庫本を手に取るが、指先が冷えて本を持っていられない。

派遣切りされ、駅や公園で野宿する人たちの辛さが身にしみる。

朝食は、新年らしくぜんざい。ところが、餅を焼き、あんこの缶詰を開けようとしたら、缶切りがない。諦めるかと思いきや、波兎三号が持ち合わせの工具で蓋に穴を開け、見事中身を取り出してみせた。彼は、食べることに関しては決して努力を惜しまない。

キャンプの痕跡を消し去り、十時に新鹿ビーチを離岸。ほとんど波のない熊野灘を、二時間足らずのパドリングで鬼ヶ城へ着いた。ここでも数人の釣り人が竿を出している。

正午に大泊へ上陸。すると、一匹の黒い犬が駆け寄ってきた。飼い主はおらず、近くで飼われている犬の鎖が切れたのだろう。シェパードの血が混じっているらしく、顔つきはどう猛だが、性格はいたって大人しい。

堤防でカップ麺の昼食後、二人がJRに乗って車を取りに行っている間、読書のじゃまをされたが、いい遊び相手になってくれた。

PADDLE
16
大泊〜新宮

七里御浜伝いに新宮へ

1

1／鬼ヶ城を越えて七里御浜へ。
2／私の漕ぐ艇にはNagiのロゴが。
3／20キロもつづく七里御浜には、獅子岩くらいしか撮る物がない。
4／ヘルメットを被り、上陸のタイミングを待つ。
5／産卵に訪れて力尽きた母ガメ。
6／新宮の浜へゴール。こんなに穏やかな日でも、波打ち際には白波が立つ。

お疲れさん。やっと
新宮へゴールしたな。

桑名をスタートして足かけ四年。伊勢湾を下り、志摩半島を回り込み、熊野灘を下ってきた手漕ぎ隊の旅も、今回でいよいよゴールとなる。

ルートは熊野から新宮までの、七里御浜沿いを行く約二十キロ。たいした距離ではないが、海に出たらノンストップで漕がなくてはならない。

陸から眺めると穏やかに見える海岸線は、波打ち際がえぐれており、波が急激に持ち上がるので、途中で上陸することはできないのだ。

バナナと魚肉ソーセージ

このコースは、まっすぐな海岸沖をひたすら漕ぐだけなので、海上にめぼしい撮影ポイントはない。

そこで、私と隊長が空荷のシングル艇を漕ぎ、波兎三号には陸路からの撮影と、トランスポートを任せる。ちなみに、私が乗る艇はnagiである。

はじめは大泊《おおどまり》海水浴場から出艇するつもりだったが、熊野灘が思ったより静かなので、午前九時に木本の海岸からエントリー。半年振りに握るパドルの感触を確かめつつ、まずは波兎三号が先回りして待つ鬼ヶ城へと向かう。

飲み物と携帯食しか積んでいないカヤックは、重心が高くなるのでやや不安定だが、回頭性が良くなり、船足は明らかに速い。それに引き替え、重いカメラバッグを担いで、鬼ヶ城の岩場を上り下りする波兎三号は大変そうだ。五十代半ばを過ぎたのに、よくやる。

ひとしきり撮影し、三号からＯＫサインが出たので、

「次は獅子岩の口の中を行く構図で」

勝手な指示を出し、さっさと艇を新宮方向へ向ける。

追い波に乗り、いつになく軽いカヤックは快調に進む。おしゃべりな三号はいないし、止まって撮影することもないので、気が付いたら、ヤシの木が並ぶパーク七里御浜沖まで来ていた。

ここでほぼ中間点。少しお腹も空いてきたので、海上でエネルギー補給することに。

隊長が用意してくれたのはバナナと魚肉ソーセージ。食べやすく、消化もいいので、スポーツの間食には最適だ。鳥羽～神島カヌートライアルの定番配給品でもあり、何度か出場し、菅島の浜で食べた記憶が甦る。海岸に大敷網を広げる重機を眺めながら、二本ずつ

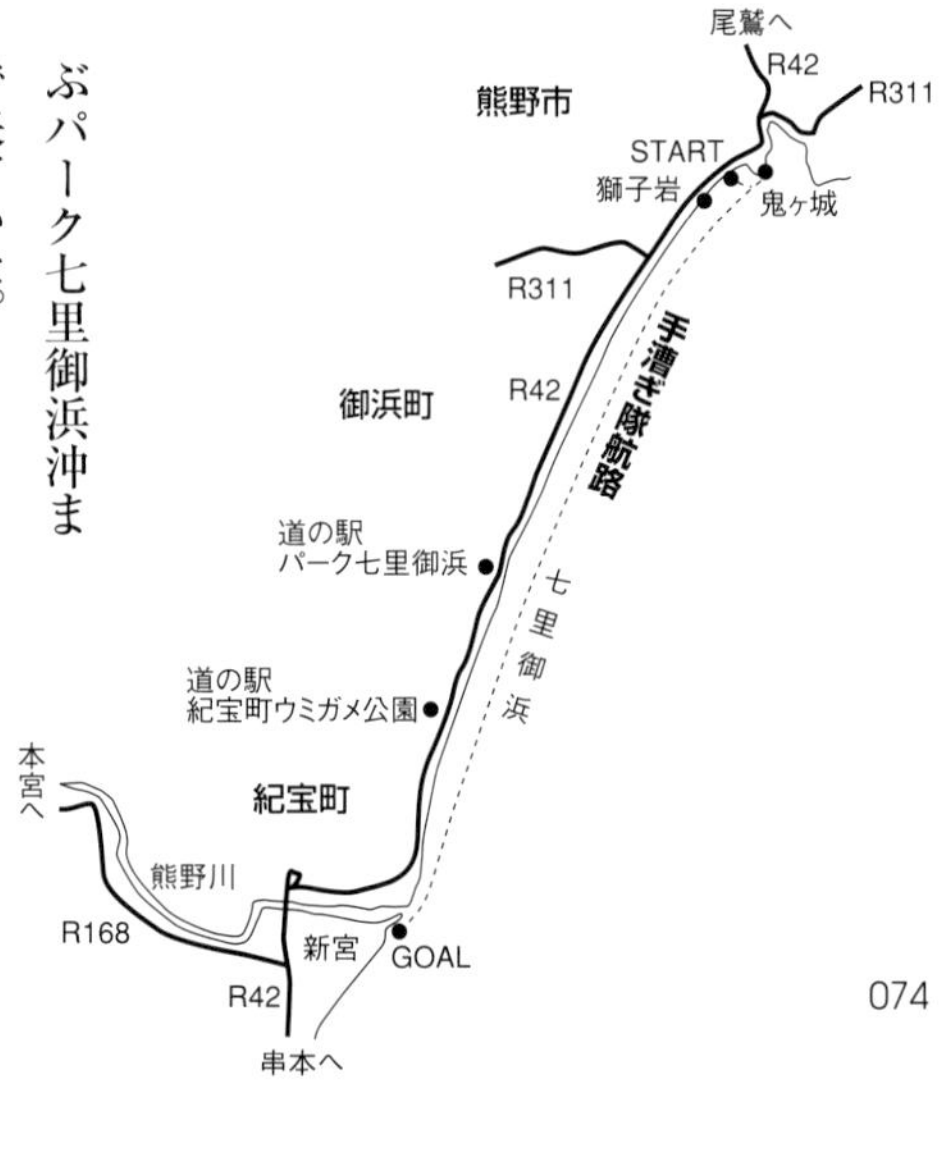

食べた。

すぐそこに浜があっても、用足しに上陸はできないので、飲み物は最小限にしておく。梅雨入り間近で、まだ陽ざしも湿度も高くないのが助かる。

ゴールにウミガメの屍

われわれのフネを天敵と思ってか、水面を滑空していくトビウオが、空中で鮮やかにカーブを切り、目を楽しませてくれる。それ以外、何のドラマもないうちに、見覚えのある製紙工場の煙突と煙が近づいてきた。

鵜殿《うどの》港を過ぎると、熊野川に架かる国道の橋が。間もなく県境だ。

激しく白濁する水路のような瀬の沖を行くと、なだらかな小石浜が広がっている。

「ヘルメット被って」

隊長から指示が出た。

実は、さっき通り越した水路が熊野川の河口で、水の量と勢いから、とても漕いでは入れないと判断したらしい。そこで、新宮側の浜へ上陸することにしたのだ。

熊野川は紀伊半島を代表する一級河川。下流の川幅は当然広まっているが、熊野灘の波に打ち寄せられた小石が堆積して砂州となり、河口を極端に狭めている。大河の注ぎ口に、太平洋からの波がぶつかるのだから、カヌーなどひとたまりもない。

まずは隊長から。波乗りの要領で大きな波をつかまえ、難なく上陸。素早くスプレーカバーを外してコクピットを降り、艇を引き揚げる。

タイミングを外すと前転、船首を振ると横転、コクピットから出遅れても、次の波に引きずり込まれてしまう恐れがある。

初めて被ったヘルメットの顎紐を締め直し、緊張で体を強ばらせながら、隊長の合図を待つ。

「今です。漕いで、漕いで」

ゆっくりと艇尾を持ち上げる波の感触を確かめるや、全力でパドルを漕ぎ、バランスを保ちながら一気に浜へ。やや振られたものの、何とか陸沈は免れ、隊長のサポートで無事に上陸した。瞬間スピードは、私のカヌー歴で最速だったに違いない。

十三時三十分、手漕ぎ隊の旅が終わった。隊長とがっちり握手し、飛びきりの一服を楽しんでいると、やがて波兎三号も陸路を伝ってやってきた。途中でウミガメの死骸を発見し、撮影していたという。

浜で出会った観察員の方によると、二日前に産卵した後、力尽きて海へ帰れなくなったのだとか。彼女が命を賭けて産んだ卵が無事孵化し、元気な子ガメたちが大海原を泳ぐ日が来ることを祈る。そして、いつかこの浜に戻ってくることを。

ハイカロリー&スパイシーが基本

わたくし波兎2号は、まず人生初の「棒ラーメン」（マルタイラーメン）に衝撃を受けた。袋入りのインスタントとカップ麺以外に、乾麺タイプのラーメンが市販されているとは、不覚にも知らなかったのだ。食堂の中華そばを思わせる懐かしい味を、ぜひお試しあれ。

次に衝撃を覚えたのは、多くの料理で使われた、およそ家庭料理では考えられない量のスパイスだ。ニンニクやショウガ、コショウの入れ方はハンパではない。隊長の調理を見ていて、さすがにやりすぎだろうと思ったが、コショウが底に溜まった水ギョーザ、練りニンニクべっとりのガーリック・トースト、ショウガがゴロゴロ入った鍋は、パドリングに疲れ、スプレーと海風に冷やされた身体をポカポカと温めてくれ、どれも絶品であった。

ただし、隊長と波兎3号の胃袋キャパシティは尋常ではないため、常に量が多目で、三ヵ月に一度のパドリング後は、日頃の運動不足でたるんだ身体が引き締まるどころか、いつもウエストが数センチ太くなってしまったのである。

波兎3号が鍋奉行を買ってでた寄せ鍋。

アルデンテには少々固すぎたペペロンチーノ。

牛乳仕立てのポトフは温まった〜。

練りニンニクたっぷりのガーリックトースト。

ぜんざいも作りました。

きのこの炊き込みご飯と豆腐のお吸い物。

かいがいしく朝食の準備をする新妻1号こと泉ちゃんと、サンマの開き。棒ラーメンや素麺は、嵩張らないので大人数の食事に重宝する。

ペンネのサラダ仕立ては夏向きメニュー。

ハムステーキにも、ニンニクをトッピング。

甘いハーフムーンを、ピリ辛豚キムチ丼で。

カメノテは塩茹でにして焼酎のアテに。

吉角隊長の手漕ぎ塾②キャンプツーリング

荷物の積み方と海での心得

シーカヤックの楽しみは、何と言ってもキャンプ・ツーリング。ただし、カヤックの荷室は狭く、たくさん積めば当然艇速が落ちるので、持っていく物は必要最小限にしたい。

荷物の積み方にもコツがあり、手当たり次第に荷室へ押し込めばいいというものではない。濡れると困るもの、大きいもの、重いものなど、それぞれに積み方がある。

絶対濡らしたくないものは、高性能の防水バッグに入れること。20リットルを超えるような大型バッグは、カヤックの荷室に入らなかったり、他のものを積めなくなったりして効率が悪い。色やサイズの違う中小サイズに小分けしておくと、積みやすく、中身を迷いにくい。

艇が安定するよう、重たい物はカヤックの中心近くへ。水タンクなどは濡れてもいいので、コクピットのシート後ろへ。食材などは、プラスチックのパックなどを予め外しておくと、かさが減り、持ち帰るゴミも少なくなる。

自然の浜へテントを張るときは、満潮時でも水が来ない場所へ。寝る前には火の始末をし、干してあるウェアやものが風に飛ばされないよう荷物の確認を。食糧は小動物に食い荒らされないよう、テントの中へ。カヤッカーはゴミを残さないのだ。

カヤックで海を漕げば、その土地で生活している人のエリアに入っていくことになるので、それなりの配慮が必要だ。海上陸上問わず、人の作った施設に無断で入らない。近くを船舶が通過するときは、オーバーなくらい避け、手を上げるなどして挨拶する。海はみんなのものだからと、自分本位で考えないこと。地元の人から見れば、カヤッカーは不審者に映ると思って行動した方が良い。

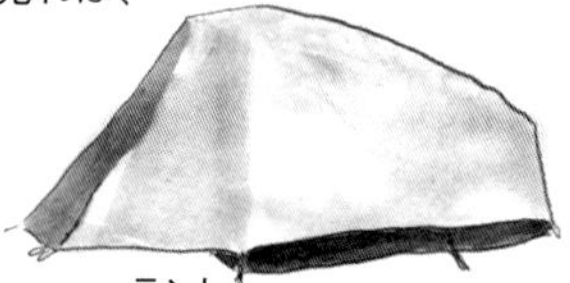

テント
軽量で、コンパクトに収納できるものを。設営は、満潮時の水位や、風向き、朝日の方向を考えて。

キャンプツアーの標準装備

シュラフ
厳寒期に漕ぐことはまずないので、薄手でコンパクトに収納できるものを。

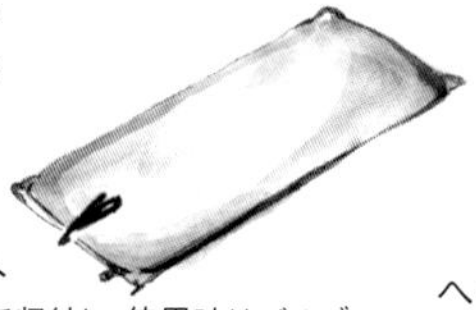

マット
丸めて収納し、使用時はバルブから空気を吹き入れる。これがあるとゴロ石の上でも安眠できる。

ヘッドランプ
手持ちの懐中電灯は片手がふさがるので、これがあると便利。

防水バッグ
口を折り曲げてからバックルを留めるので、水が浸入しにくい。数種類の色と大きさを使い分けると便利。

ロールペーパー
いわゆるトイレットペーパー。本来の目的に使えるのはもちろん、これで食器を拭けば洗わなくていいし、焚き火で燃やせる。

川を漕ぐ

撮影／高田健司

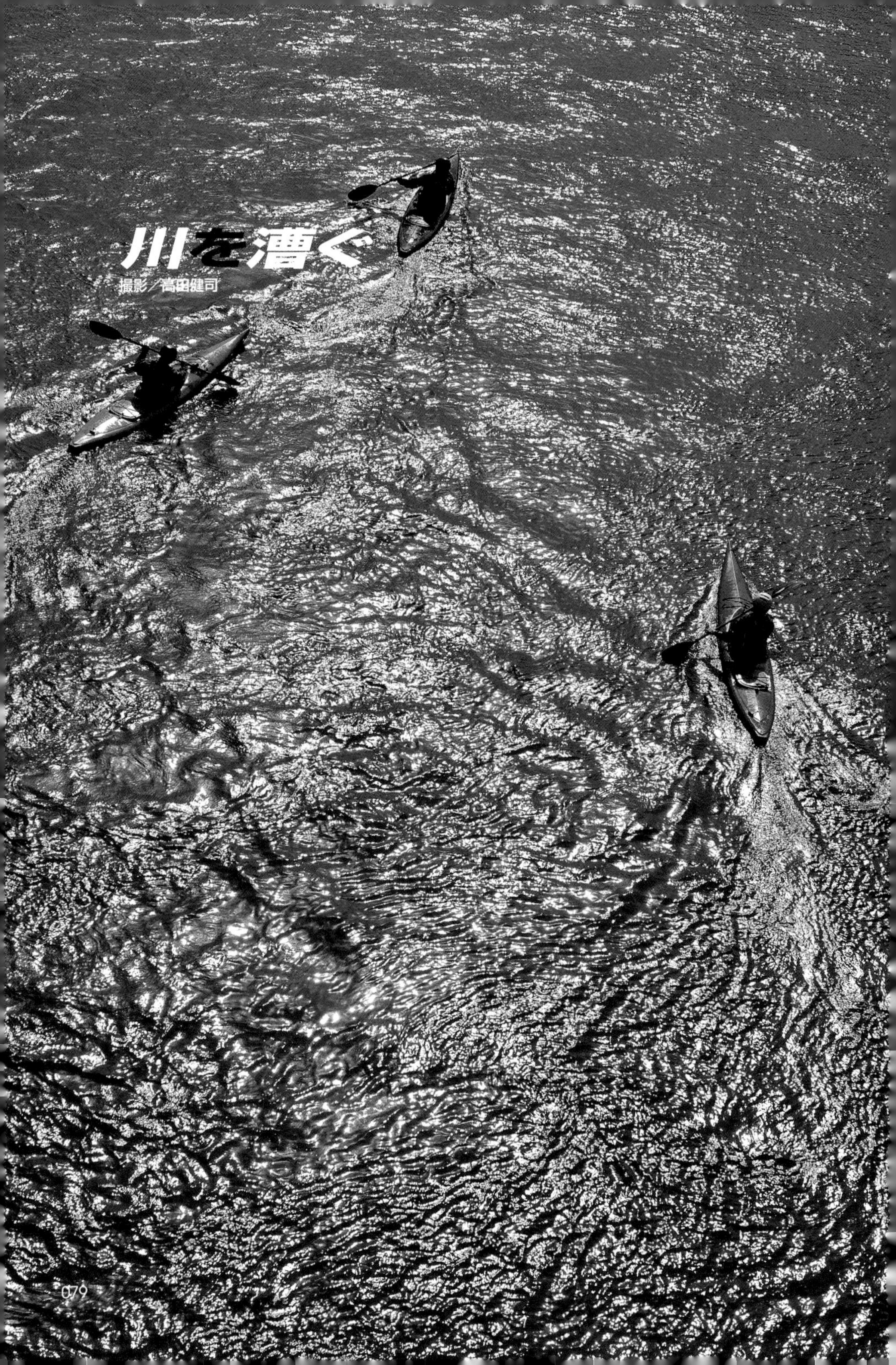

PADDLE

17

宮川（粟生〜上條）

母なる川を河口まで

1

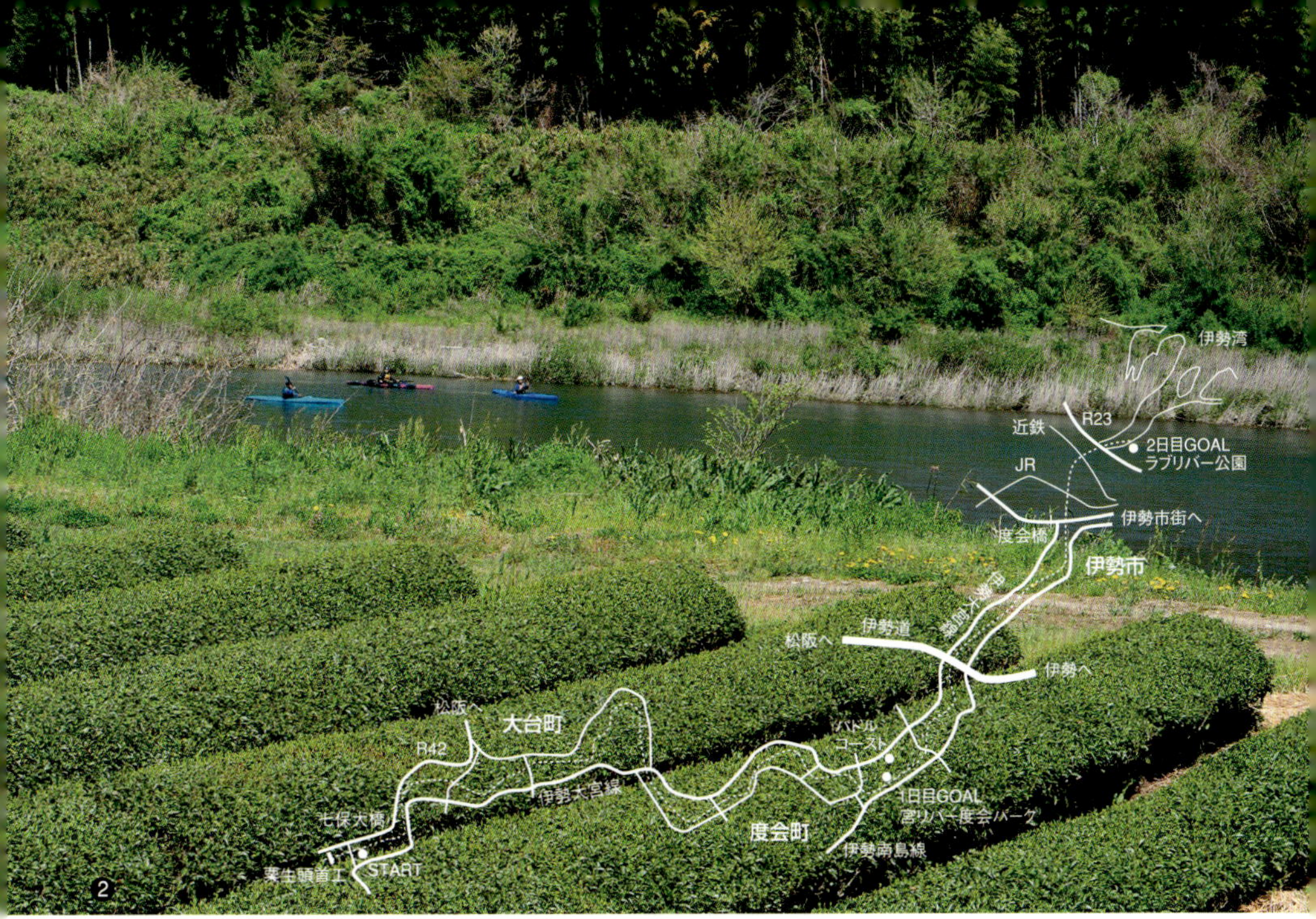

2

4

5

1／海川両用タイプのポリエチレン製カヤックで下る。
2／大台から度会にかけての宮川畔は、お茶の名産地。
3／“日本一の清流”だけあって、水が澄んでいる。
4／度会橋が近づくと、川幅が広くなり、町の気配が。
5／宮リバー度会パークで。中央が隊長の弟子・本橋くん。

3

雨が多く、気温変動がめまぐるしい春となったが、おかげで水量はたっぷり。水深が浅い宮川下流部は、渇水時だとカヌーを担いで越える浅瀬が何ヵ所も現れるので、適度な増水は歓迎だ。ただし、初夏と呼んでもいい季節にしては、あまりにも寒い。

漕がなくても下流へ

出艇は、七保《ななほ》大橋近くの右岸から。橋のすぐ上流に粟生《あお》頭首工という堰があり、河口まで通して漕ぐなら、必然的にここから下流となる。

今回の手漕ぎ隊は、私波兎二号と吉角隊長、準隊員・本橋洋一くんのシングル三艇。波兎三号は、昨秋痛めた膝が完治していない（歳を考えず無理するから）ため、カヤックのコクピットに納まれず、陸路を移動しての撮影となった。

豪雨の翌々日ゆえ、水はやや濁り気味で流れが速く、先に出艇して隊長を待っていると、どんどん下流へ持って行かれてしまう。これなら、労せず距離を稼げそう。電動アシストを得た自転車のようだ。

河畔のネコヤナギが綿毛を飛ばし、ツバメが水面近くを忙しく行き交っている。岩場には、白や黄色の小さな野草が。鮎釣り解禁前の宮川は、とっても静かだ。聞こえるのは、野鳥たちのさえずりと瀬音のみ。

野原橋の手前で、最初の早瀬が待っていた。川幅が狭くなった右カーブで流速を増した水が岩にぶつかり、盛大な飛沫を上げている。

隊長がまさかの…

まずは隊長が難なく下り、つづいて私が突入するが、岩を避けるべく反流が波を立てているコースを取ったため、全身にスプレーを浴びる。つづいて本橋くん。彼も顔面からまともに水浴びして下ってくる。

この後、事件は起こった。

急流の脇に艇を停め、われわれのコース取りを見てから再び流れに入った隊長が、あろうことか沈をくらったのだ。すぐにロールで起き上がったのはさすがだが、全身びしょ濡れ。艇にも水が入り、上陸しての水出しとなった。

「いやー、沈なんて何年ぶりかな」

思わず照れ笑いする隊長。

カヤッカーの間では全国的に知られる彼の珍場面が、波兎三号のカメラに納まっていないのは残念だ。

二時間半ほどのパドリングで、ランチ休憩のため鮠川《はいかわ》橋上流の右岸に上陸。すると、クルマで先回りした波兎三号が河原で待っていた。

昼食のメニューはパスタだが、火を焚くには風が強すぎるので、まずは流木を集め、コの字型の防風ウォールを組む。幼い頃の基地づくりを思い出す楽しい作業となった。

携帯コンロで湯を沸かし、ペンネを茹でている間に、隊長の指図のもと、本橋くんがニンニクの皮を剥き、ベーコンと野菜を刻む。

将来の独立を目指して修業中の彼にとって、パドリングやレスキューと同じく、アウトドアクッキングの習得は必須なのだ。外メシの基本は、少ない材料で手早くつくれ、スパイシーでハイカロリーなこと。吉角シェフによる野菜とベーコンのクリームソース・パスタは、味は申し分なかったが、茹で時間がやや足りなかった。

「ちょっと固いね」

「アルデンテにしたつもりなのに」

歯の弱ってきたオヤジ三人を尻目に、若い本橋くんは文句ひとつを言わず一番で完食。アウトドアマンは総じて早食いで健啖家だ。彼は資質十分。

「ブレーキとリバースは禁止」

「三百メートル先の流れを読んで」早瀬に差しかかると、隊長から本橋くんへ、矢継ぎ早の指示が飛ぶ。

急流に抗えば、艇を横向かせることになるし、アプローチの直前でラインを変えようとしても間に合わない。シーカヤック暦十年の本橋くんだが、川の経験はまだ浅い。一人前のプロに育てるための教育なのだ。

一方、アマチュアの私も、隊長のレクチャーを耳にしたおかげで
「後半はちゃんと流れに乗ってたね」

珍しく誉めてもらった。わざと私を先行させ、後ろからライン取りを眺めていたらしい。

風に潮の香

翌日、川原に行くと、空はどんよりと曇っている。気温は昨日よりさらに低く、季節が冬に戻ったよう。Tシャツの上にハイネック、フリースのベスト、パドリングジャケットを着、スプレーカバーとライフジャケットを装着して、ようやく寒さがやわらいだ。

相変わらず流れは速いが、漕がないと寒いので、力を込めてパドルを動かせる。この先、絵になる風景は少ないし、どのみち灰色の空の下では、撮影する気になれない。

河畔に遊ぶオシドリやシラサギを眺めつつ下っていくと、しだいに景色が見慣れたものとなり、気分が日常へと引き戻されていく。度会橋を過ぎ、JRと近鉄の線路をくぐると、宮川最後の豊浜大橋が見えてきた。この先にゴールのラブリバー公園がある。

国道二十三号の豊浜大橋で風景が一変した。干潟にはカモメが群れ、中洲の小石にはびっしりと牡蠣が張り付いている。岸にもやわれた船は、底の平らな川船から、エッジの立った船外機付きの漁船へと変わり、風はあきらかに潮の香をはらんでいる。

河口は近い。

PADDLE
18
櫛田川（奥香肌峡）

納涼ホワイトウォーター

3

2

1／変化に富む奥香肌峡谷。ただし次々と瀬が現れるので、ゆっくり景色を楽しむ余裕はない。
2／沈を食らった私と、艇の水を抜く隊長。
3／増水時は水中に没する沈下橋を潜って。
4・5・6／ホワイトウォーターに挑む波兎2号、隊長、本橋くん（上から）。3号は陸からの撮影に専念。

宮川で川下りの味をしめた私は「じゃあ次は櫛田川《くしだ》でも漕ぎますか」吉角隊長の誘いに二つ返事で乗っかり、六月に入って間もない櫛田川の上流部「奥香肌渓谷《おくかはだ》」へとやってきた。

今回も、私波兎二号と吉角隊長、パドルコースト・スタッフの本橋洋一くんの三人が漕ぎ、波兎三号こと高田カメラマンには、陸上から望遠レンズでわれわれを狙ってもらう。

この時期を選んだのは、間もなく鮎の友釣りが解禁してしまうから。それに、渇水期では岩の露出が多過ぎて下れず、梅雨の増水時では岩が隠れてしまい、流れの速い平凡な水路と化してしまう。海と違って、川のベストシーズンは限られるのだ。

初心者御法度のフィールド

使用する艇は、シーカヤックより一メートルほど短く、ボトムが平らなポリエチレン製のリバーカヤック。直進性や積載能力は低い代わりに、回頭性が良く、弾力があるので、岩をガンガン乗り越えて行ける。

ルートは、国道一六六号と四二二号がぶつかる大谷橋の上流から、奥香肌峡キャンプ場下流までの五キロほど。

これまでの手漕ぎ隊では一日に十〜二十キロは漕いだので、少し物足りない気もするが、あれは海や大河の中下流域でのこと。ここは急流が岩にぶつかり白濁する、初心者御法度のホワイトウォーター・フィールドなのだ。

連載開始から五年間、一度も「沈」の経験がない私も、今回ばかりは覚悟し、前日に眼鏡ストラップを調達しておいた。以前、ストラップ無しでジェットスキーをやったとき、宮川に眼鏡をひとつ沈めたことがあるのだ。

ヘルメットを被り（必須）、窮屈なコクピットに収まって、いざ流れの中へ。いきなり本流に捕まり、自らの意思と関係なく、あっという間に川下へと流される。かなり前方に見えていた早瀬が、見る間に近づいてくる。

いきなりの展開で、まだ心の準備ができてないが、瀬の手前で逡巡している暇はない。ええい、ままよっ。隊長のラインをぴったりトレースして、落差のあるホワイトウォーターに突入。バシャ、ガガガッ、ゴトン。顔面を叩く水飛沫、尻に伝わる岩の衝撃。前後左右に揺さぶられながらも、なんとかバランスを保って脱出する。

スリルと爽快感が交互に

バイクに例えれば、シーカヤックはロードツーリングで、ダウンリバーはさしづめラリーだ。左右にカーブを繰り返し、幅や水深が一定でなく、リエゾン（移動区間）とSS（スペシャルステージ）が交互にやってくる。

川幅の広い直線区間では、一服した

り、野鳥を撮影しながら後ろ向きでも下れるが、早瀬では油断していると、艇が横を向いて沈したり、岩に張り付く危険性がある。

勇気が試され、緊張を強いられる場面が次々と現れるが、障害を越えるたびにスリルと爽快感も味わえる。

沈脱しての初泳ぎ

早瀬を乗り越えたら、本流を逸れてエディーへ。エディーとは、カーブする流れの内側や岩の裏側など、流れが反転しているポイントで、ここに逃げ込めば下流へ流されずに艇を停めていられる。

急流越えで安堵したせいか、エディーから再び本流へ入ろうと艇を傾けた刹那、いきなり沈を食らってしまった。

幸い水深があるので、岩に頭をぶつけることはない。スプレーカバーを外して、逆さまになったカヤックから脱出。片手にパドル、もう一方の手でカヌーをつかみながら、吉角隊長のレスキューを待つ。

流れが複雑な川では、瞬時にそれを読み、対応する能力が求められるが、私にそんなスキルはない。

エディーライン（本流との境目）を越える際、下流側へ艇を傾け、ボトムで水流を受け流すべきなのに、逆側に傾けたため、デッキにパワーを食らってしまったのだ。ロール（転覆した艇を自力で復元する技術）のできない私は、沈脱するのみ。

宮川編で沈ロールを暴露したためか、隊長は「してやったり」の表情。橋上の波兎三号も、私の初泳ぎがバッチリ撮れたらしく、笑顔で手を振っている。私が一度も沈を喰らわずに手漕ぎ隊を終えてしまったら、二人ともさぞ心残りだったに違いない。

いくつかの早瀬を越え、ランチ休憩の奥香肌峡林間キャンプ場河原へ上陸するまでに、同じミスをもう一度繰り返した。さすがにヘコむ。

びしょ濡れでパンを食べていたら、小雨がポツポツ落ちてきて、やがて雷鳴が聞こえてきた。梅雨入りが近いのだろう。漕いだ距離は知れているが、二度も泳がされたため、体力はかなり消耗している。またやるんじゃないかと、気力も萎え気味。

「三回目で、みんなメゲますね」

隊長の言葉に、うなずく私。

バイクは、オフを走らずに三十年以上経った。カヌーも、海を長距離漕ぐ方が性に合っている。若者よ、ホワイトウォーターに挑むなら、早いうちがいい。

初ダウンリバーに緊張気味の私。

PADDLE
19
瀞峡〜新宮

世界遺産・熊野川を下る

❶

1／幻想的な夕暮れ時の瀞峡。
2／緩やかな流れと、波立つ瀬が交互にやってくる。
3／ホワイトウォーターでも艇を自在に操る隊長。
4／ジェット船が近づいてきたら、川原へ艇を寄せてやり過ごす。

手漕ぎ隊の旅は新宮で終わったが、はるばる県境まで来て、このまま日帰りする手はない。河畔にキャンプして、熊野川下りを楽しむことにした。

山水画の風景を貸切

「ジェット船の営業が終わった後の瀞《どろ》峡《きょう》は、静かで最高ですよ」

隊長の提案で、ハイエースに乗り込んだわれわれは、熊野川に沿う国道一六八号を遡上。北山川との合流点から一六九号に逸れて玉置《たまき》口へ。ルーフから川用のポリ艇を降ろし、隊長と二人で夕暮れ迫る瀞峡をめざす。

ゆっくりと下る流れに逆らってパドルを漕ぎ、波立つ浅瀬をカヌーを担いで越えると、そこには山水画そのものの光景が待ち受けていた。

したたる緑、切り立つ巨岩、岸辺に色を添える山野草…。聞こえるのは、透き通った野鳥の声だけ。波ひとつな

い水面には、西日の中、カゲロウが一瞬の夏を惜しんでいる。
この景色が貸切とは、なんという贅沢だろう。隊長、ゴールのオマケをありがとう。
もうひとつのオマケが湯ノ口温泉。瀞流荘前の川原にキャンプしたわれわれは、同館の露天風呂に浸かり、パドリングの疲れを癒したのだった。ほんとは最後くらい、旅館に泊ってどんちゃん騒ぎしたかった。

ランチポイントを見過ごす

夜が明けぬうちに、川原へ降りてくる車の音で目が覚める。テントから這い出ると、鮎釣りの人たちだ。今日は釣り人に瀞峡観光のジェット船と、にぎやかな川下りになる。

「じゃあ二時間後に、道の駅で」

波兎三号と分かれて北山川を下り始めると、早速いたるところに釣り師が竿

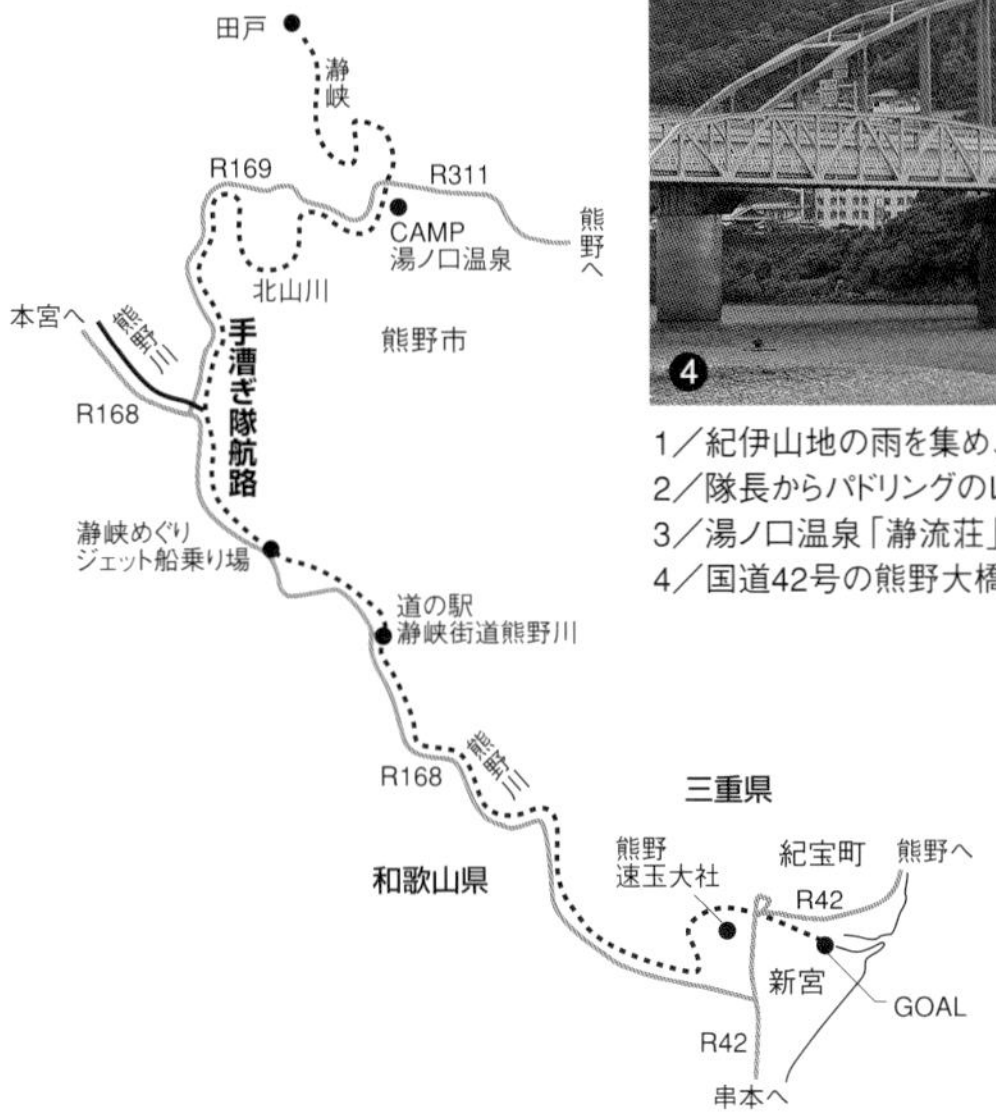

1／紀伊山地の雨を集め、県境を下る熊野川。
2／隊長からパドリングのレッスンを受ける私。
3／湯ノ口温泉「瀞流荘」の露天風呂で。
4／国道42号の熊野大橋がゴール。

を出している。

川によってはカヌーイストとの関係が険悪だというが、ジェット船が行き交うここでは、さすがに嫌がらせされるようなことはなかった。

流れの読み方、瀬の越え方など、海とは違うテクニックを隊長に伝授してもらいつつ、流れに乗ってスイスイ進む。川下りは、休憩している間も下流へと運んでくれるのでラクチンだ。

熊野川と合流し、ジェット船乗り場を過ぎると、もはや釣り師もジェット船もいなくなり、気兼ねなく漕げるようになった。

ところが、そろそろ待ち合わせ場所のはずなのに、岸には一向に波兎三号の姿が見えない。さらにいくつかのカーブを越えて行くと、やがて隊長が

「あれっ、あのトンネルは新宮だ」

調子に乗って漕いでいるうちに、どうやら道の駅を通り越してしまったらしい。

香良洲海岸の夜明け。風景に色彩が戻り、大自然の体内時計が、海鳥たちを餌場へと羽ばたかせる。

音も無く、風に乗り、波に流されていくと、鳥の群れにも近づける。白塚の海岸にて。

清流宮川の稜線で、猛禽のカップルが空中デート。

英虞湾を行く波兎を俯瞰撮影していたら、
メジロが挨拶にやってきた。

紀伊長島沖の海で出会ったカンムリウミスズメ夫妻。
驚かせてゴメン。

紀伊長島沖の無人島で、近づくカヤックを警戒して、
イワツバメがコロニー上空を乱舞していた。

吉角隊長の手漕ぎ塾③リバーカヤック

コンディションを知り流れを読む

河畔の景色を眺めながら、のんびりと下っていく川下りは楽しい。水中、川原、土手などで、いろいろな植物や生き物と出会え、背後には緑の山々が連なる。だが、いつもピクニック・ツーリングとは限らない。

同じ川でも、水が多い時は流れが太くて速くなり、通れるところが増えるので下りやすいが、波が高い場所があったり、流れの境目がいたるところにできるので、カヤックの操作が難しくなる。水量が少ないと流れは穏やかになるが、川幅が細くなったり、浅くなるので、川底に引っかかったり乗り上げたりして、艇を引っ張らなければならないこともある。

こちらの都合に合わせて流れてくれるわけではないので、漕ぐ前に川のコンディションを見極めた上で計画を立てるのが、自然相手の楽しいところでもあり、難しいところでもある。

川の流れを読むには、流れているところと流れていない所の境目、強い流れと弱い流れの境目、波の形などを地形とともに観察する。流れや波を利用して川を渡ったり、カヤックの方向を変えたりしながら下っていくのだ。これは急流であろうとなかろうと同じ。川の流れを理解するには、敢えて難しいスポーツ・カヌーに挑むのもいいだろう。

釣り人などとトラブルを起こす人が時々いる。特に鮎釣りはシーズンが決まっていて、解禁日には一斉に押しかけてくるので、この時期は外した方が無難だ。落ち鮎の季節（宮川は10月から）には梁が立てられるので注意。

川を漕ぐ場合も基本は海と同じ。当日の条件を予測して、安全に楽しめる計画を立てること。そして、地域の人々の生活になるべく影響を与えないよう行動すれば、気持ちのいい川下りを楽しめるはずだ。

海用と川用の違い

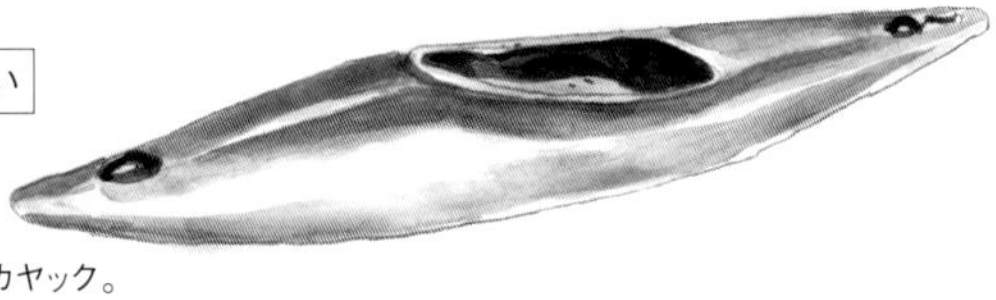

リバーカヤック（プレイボート）
ホワイトウォーターで遊ぶためのカヤック。全長が2～3mと短く、平らなボトム形状のため、回頭性はいいが、直進性は悪い。岩などの衝撃に強いポリエチレン製が一般的。

シーカヤック
海をツーリングするためのカヤックで、コクピットの前後に荷室を装備。全長は5mほどもあり、キールが波を切るため、直進性がよく、スピードも早い。ラダー（舵）を備えるタイプや2人艇もある。FRP製が主流。

遠征編 知床半島・慶良間諸島

撮影／高田健司

1

知床半島で見た夢

text=Takada Kenji

1／見上げれば満天の星。天然のプラネタリウムだ。
2／河口近くでは何度かヒグマを見かけた。
3／メガネ岩あたり。前席で漕ぐのは平山泉ちゃん。
4／くわえ煙草でタコを絞める新谷校長。
5／ペキンノ鼻に上陸してトレッキングを楽しむ。
6／釣船から差し入れられたカラフトマスは、ソテーと鍋になって夕食に供された。
7／通称「男の涙滝」で。前席を漕ぐのはヒロくん。

「秋口に知床の海を漕ぐんだけどさ、一緒に行かない？」

吉角隊長に誘われ、知床自然学校が主催する四泊五日のツアーに参加した。

　現地までの往復を足すと一週間を要するので、波兎二号は泣く泣く不参加。吉角隊長とパドルコーストのスタッフ・泉ちゃん、ヒロ君、そして私波兎三号こと高田の四名での遠征となった。

山側は常に「ヒグマ出没注意」

　スタート地点は羅臼《らうす》町の相泊《あいどまり》。道はそこで終わり。目の前には、北方領土・国後《くなしり》島が横たわる。

　快晴。風そこそこ強く、波高し。心中穏やかではないが、知床自然学校を主宰するガイド・新谷暁生《しんやあきお》氏が一緒なら安心だ。

　ツアーのメンバーは、外国人四名、初心者四名を含む総勢二十二名。いつになく多彩な顔ぶれで、いざオホーツクの海へ。二人艇の前席を漕いでくれるのは、泉ちゃんだ。

　コースは、知床半島を左周りする。新谷校長によれば、これが今の季節、最も安全なのだという。

　観音岩が現れた。付近は岩礁や岩場だらけである。時折、波がスプレーカバーを越えてくる。どうもラダーの効きがよくないようだ。

　知床の海で最大の難関は定置網かもしれない。太いロープを越えるべきか潜るべきか、迷うことがしばしば。網は海岸線に無数に張り巡らされており、たまにヒグマも漁をしに来るという。

　初日はおよそ七キロを漕いだ。上陸後、最初の楽しみはワイン。よく冷えた袋入りワイン・スタンドが共同酒場となり、自前の酒も混じって、雑談に花が咲く。

　夕暮れ時、赤々と燃える焚き火の向こう、霧に包まれた岬からタケノコ岩が鋭く突き出ている。沖合に揺れる漁火の先は北方領土だ。最果てに来たことを実感する。

　山側は常に「ヒグマ出没注意」。トイレは必ず複数で、と指示を受けるが、そんな環境でもアルコールの魔力か、ぐっすりと眠れた。ただし、冷え込みを予想し、着込みすぎて大汗をかく。知床の自然への対応は、まだまだだ。

最果てのお花畑と海の屍

　二日目は、うっすらと霧が立ちこめる幻想的な風景の中で目覚めた。

「タコとったどー」

静寂を破って雄叫びがあがる。一躍ヒーローとなったヒロ君は、大蛸を手に得意満面だ。

　海鳥が誘う行く手には、霧と雲と朝陽が競演する神秘的なシーンが展開する。剣岩、メガネ岩をかすめながら、船泊の岩礁地帯を行く。水面下は、昆布食い放題の海であった。

ペキンノ鼻を回り込んだ磯へ上陸し、断崖に登る。ここで吉角隊長が高所恐怖症である事が発覚し、以降私との力関係が微妙に変化する。

本日も追い風に乗って順調に進む。修復したラダーも快調だ。滝川の河口では、マス釣りの船から差し入れが三匹。新谷校長は顔が広い。まさか、強奪じゃないだろうな。

知床半島の折り返しが近づく。滝の下、男滝、女滝と進み、念仏岩、カブト岩、赤岩をかわして出た広大な浜が知床岬であった。

知床五目うどんをすする。美味い。周囲には、最果てのお花畑の楽園と、北の海の屍が同居している。極限の食物連鎖の残骸に違いない。生命とは何か。どこから来てどこへ行くのか。天地創造の原風景がここにはある。

岬を折り返した後が圧巻だった。風景が一変し、奇岩や洞窟が連続。言葉や写真では表現できない感動が押し寄せてくる。

アブラコ湾、文吉湾、獅子岩、ヒヤラモイ、窓岩をめぐり、ポロモイの先の入り江へ上陸。本日から、ディナーは夕陽を眺めながらとなる。

もう時計など見ない

三日目の朝、目覚めると上空には満天の星。まだ午前二時半だが、無理やり隊長を叩き起こし、野外写真教室を開く。日の出前にもう一度寝た。

二度目の起床。もう時計など見ないし、携帯電話の電波も届かない。

「今日は何日だっけ」誰かが問うと

「えーっ、何日なんだろう」

それでも生きてゆける。

知床の風景は、入り江と岬と断崖で構成される。アウンモイ、イタシュベワタラ、レタラワタラ…。この雄大な彫刻は、流氷の産物である。

真水は川と湧き水から確保する。キタキツネの持つエキノコックスとかいう病原菌が危険なため、川水は一度沸騰させてから飲用する。顔や体は、断崖からの冷たい湧き水で洗う。

昼食に上陸したのがオキッチウシ川畔で、実はこの旅で最もデンジャラスなゾーン。この季節、遡上するマスが川を埋め尽くす。食べ残しの横には、真新しいヒグマの糞が。天空には、巣立ちした鷲の幼鳥が舞っている。

カシュニの滝では、新谷校長から「滝下を回って来るように」との宿題が出される。幅二m、波高一mの水路で、艇の両サイドを岩に擦られ、果てはノーズから直角に知床半島へ激突。この入り江の奥が、本日のキャンプ地・鮹岩であった。

技術論より体感ありき

四日目の朝も快晴。穏やかな知床の海を堪能する。本日から前席がヒロ君に代わり、艇速がアップした。

魔の風の海域といわれるルシャに入るが、いとも簡単に越える。半島から吹き下ろす強風の通り道なのだが、本日はベタ凪であった。

ランチに、ポンプタ川の河口を渡った浜へ上陸。手前のタキノシタ番屋、19号番屋にはヒグマがいたからだ。食後、傷んだ艇を修理し、樹脂が固まるのを待ってから海へ。

この辺りから硫黄の影響を受ける海域に入った。カムイワッカの滝へ近づく。その先には知床五湖の断崖が迫る。この旅で五頭目のヒグマと出会うが、そこから岩を一つ越えただけの浜へ上陸し、テントを張る。

新谷校長によると、奴らは遡上するマスを獲ってるから、ここへはまずこない（だろう）とのこと。

最終日も快晴だ。五湖の断崖からオジロワシがわれわれを見下ろしている。岩尾別まで来ると、なつかしい文明の気配に迎えられた。

新谷校長とスタッフなしに、知床は越えられない世界であった。われら手漕ぎ隊長と、パドルコーストのスタッフもツアーをサポートした。

ここでは技術論より、体感ありき。パドルが海と対話する。

「右手二か〜い、左手一か〜いっ」

新谷校長の声から旅は始まって、今こうして真っ黒に日焼けし、逞しくパドリングする大勢の仲間が居る。

フレベの滝で、別のカヌーグループと出会う。ゴールの宇登呂《うとろ》まで、もう少し。すると誰かが言った。

「知床にまだ、居たいよう」

同感である。

最終キャンプ地で。心おきなく飲み明かそうと思ったが、不覚にもワインで熟睡してしまった。

鯨海峡、波高し

text＝Takada Kenji

1／「離島」を目指して。前席は星野知大氏。
2／渡嘉志久の浜で。曇り空に気分も晴れない。
3／那覇泊港から慶良間へ向かう高速船。
4／60年以上前の惨禍を物語る錆びた砲弾。
5／離島のビーチは、曇天にしてこの透明度。

眼下の風景は神様の贈り物。快晴のセントレアを飛び立ったＡＮＡ３０３便は、伊勢湾を左旋回で、手漕ぎ隊が四年間で旅した航跡を、あっという間に通過する。

神島、渥美半島から、冠雪の富士山まで、逆光の風景が実にファンタスティック。ただし、めざす沖縄には前線が停滞中で、この先一週間晴れマークは無い。いくら楽観主義者の私でも、さすがにブルーな空の旅となった。

泡盛の宴に那覇の夜は更けて

那覇へ降り立ったわれわれは、宿となる那覇船員会館へ荷物を置くと、今回のツアーでお世話になる「漕店《そうてん》」のボス、大城蛸敏氏と合流。

大城氏はパイレーツ・オブ・カリビアンな風貌で、その名の通り（？）蛸採りの名人。陸では野生のヤギも狩るらしい。スタッフのマーキー女子とともに、「元祖でーびる」へと繰り出し、オリオンビールで乾杯の後、沖縄料理をつまみつつ、泡盛のエンドレスな酒宴へとなだれ込む。

日中の気温二十六度（三月）という蒸し暑さの余韻と、街路樹を揺らす不穏な雨風の中、千鳥足で宿へ帰還した。

船員会館は隊長の定宿で、過去に三十泊近くしているらしい。那覇泊港に隣接し、食事が実に良い。宴会もＯＫで、泡盛をボトルで頼むと、呑みきったらもう一本ついてくる。二百グラムのステーキセットが九九九円という安さ。延べ三泊して二回食った。

もちろん、沖縄料理も美味い。一番ありがたいのが、荷物を預かってくれること。われわれのような離島探検派には、格好のベースなのである。

今も残る錆びた砲弾

渡嘉敷《とかしき》島の周囲はすべて珊瑚礁（リーフ）に守られ、浜は通常凪いでいる。でも、油断は禁物だ。シーカヤッカーは、天の神、海の神、風の神にお伺いを立て、潮位、潮流、波高、風向、風力を読んで漕ぎ出さねばならない。

スタートは渡嘉志久ビーチ。アカとアオのウミガメが棲み着いているというが、曇天で波が高く、珊瑚礁はまったく見えない。

二人艇のペアを組んだのは、いつも自転車雑誌でお世話になってる星野知大氏。ところが、海へのアプローチで早くも浸水。とても撮影する気分にはなれない。

三キロほど漕いで、「離島」という名の島へ上陸。「晴れていれば」と誰もがつぶやく。

それでも、本土にはない海の青、白い海底。曇天の空を映してなお、島の景色は神秘的で官能的だ。

さらに、これまでの人生の物差しでは計れない衝撃とも出会う。戦後六十年を経て、今も岩場のところどころに、錆びた砲弾が残るのだ。

人生初のリーフ越えは、波高く、トリッキーでデンジャラス。進入方向を読み違え、あっという間に横を向いて波に呑まれる。

さっさとやり過ごしたいエリアで失速し、次から次へと襲いくる波に翻弄されながらも、なんとか無事にリーフを越えた。と思った刹那、大城キャプテンの艇に激突。さらには隊長の艇にまで。バウは壊すし、踏んだり蹴ったり。

「くじら〜」の声で漕ぎ出すも

野営一泊目。とうとう雨が降り出した。雨中のテント設営は、中が濡れるので厄介だ。

「絶対誰か沈すると思ったけどな」

「沈まんで悪かったのー」

そうこうしているうちに、タープの中からいい匂いが漂いはじめ、漕店スペシャルメニューが続々とテーブルに。沖縄の素材がたっぷりで、どれも美味しかった。

肌寒いので、浜辺の酒宴には至らず、早々にテントへ。モンベルのムーンライトは二人用で、いつもの一人用より断然快適だ。でも、まさか沖縄でシュラフを使うことになろうとは。明日は晴れるかな。激しい雨音を聞きつつ、眠りに落ちた。

悪天候には勝てず、渡嘉敷島の海岸で連泊することに。朝飯をゆっくり食べ、くつろいでいると
「くじら〜」

大城氏の叫び声が。いきなり、感動と興奮と緊張が全身に走る。

難関のリーフを越え、西岸の高波帯をクリアし、慶良間《けらま》空港沖へ。時折ブレイクする波間で、鯨の出現を待つ。

鯨は数分のインターバルでランダムに浮上するが、距離を詰められず、シーカヤックがかなり流され、戻れなくなる危険が出たため、その姿をカメラに納めることなく、すごすごとキャンプへ引き返したのだった。

楽園への扉は開くのか

沖縄の海は、果たして手漕ぎ隊に微笑むのか。いったん那覇へ戻ったわれわれは、荒れる海峡を高速船で再び渡り、座間味《ざまみ》島へ。

すると、居座っていた前線がやっと動いた。待ちに待った快晴の予報がついに出たのだ。ただし、季節風と前線の名残と大潮が重なり、メインルートは最悪のコンディション。

アドバイスをいただくケラマカヤックセンターの宮里氏は、

「他の人だったら絶対勧めないけど、師匠にノーとは言えないし」

われらが吉角隊長は、シーカヤックの講師を全国レベルでやっていて、実は

1／待ちかねた晴天に、意気揚々と阿真ビーチを漕ぎ出すまではよかったが。
2／グルクンがペイントされたブロック塀。
3／ケラマカヤックセンターの宮里氏に、ルートを相談する隊長。
4／ホエールウォッチングのクルーザーから撮影したザトウクジラ。
5／次回はカヤックから鯨を撮るぞと、慶良間の海に誓った筆者（波兎3号）。

彼も教え子にあたるのだ。

出艇は、慶良間ブルーでベタ凪の阿真ビーチ。快晴の下、甘い南国の風が吹いている。浜で偶然出会ったツアーの人たちを交え、ご機嫌でシャッターを切る。気分は最高潮。ついにスイッチが入った。

意気揚々と外洋へ漕ぎ出したまではよかったが、すぐに本流と追い風と大潮に運ばれ、気がついた時、われわれの艇に元のビーチへ帰る手段は、もう残されていなかった。

場所は伊釈迦釈島の北。選択肢は二つ。阿嘉島の儀名崎リーフは、海上が白濁して激流と化している。

「あっちはごめん」

で、伊釈迦釈島を最短距離で回り込むが、リーフへとぐんぐん流される。

隊長の目測で、波高二・五m（隊長は何時も控えめ）。とてつもないパワーのうねりが、次から次へと襲いかかってくる。

知力、体力、経験、勇気、想像力

波のボトムに押し付けられた時、頭上はるかに波のトップがあって、それを乗り越え振り返ると、今度は次の大波との間に深い谷底が。映画『スーパーストーム』さながらだ。

どうにかこうにか、白濁する激流の背後に回り込んだが、とてもカメラを出せるような状況では無い。人間が海で遊ばせてもらうための、知力と体力と経験と勇気と想像力を、私は試されている気がした。

クシバル、クンシからアグへ。ようやく波静かな楽園の入り江に着いた。珊瑚の海にはコバルトウミスズメが群れ、アカウミガメが意外なほどの速さで泳いでゆく。

ここで、ハタとおバカに気付く。シュノーケルも水中カメラも持ってきてない（泣）。写真のプロなのに。完全に打ちのめされ、落ち込むのであった。

大小さまざまな島が連なる慶良間の海は、ザトウクジラの繁殖地として知られている。十二月下旬から三月下旬がホエールウォッチングのシーズンだが、子連れを見られる三月が一番と教えられた。

今回の旅では何度も鯨と出会ったが、悪天候つづきで、シーカヤックとのランデブーは叶わなかった。でも、鯨との出会いが夢でないことは分かった。次回は至近距離で撮るぞ。

カヌー仲間に、慶良間の大自然に乾杯。サポートいただいた皆さん、ありがとう。

5

ローカルの王道を行く
こだわりの店や物づくり
後世に伝えたい生活文化
ライフワークとしての趣味…。
ＮＡＧＩは人を切り口に
地域の宝を掘り起こす
大人向けのローカル誌です。
HUMAN
SLOW FOOD
OUTDOOR
DOCUMENTARY
ART
CRAFT
CULTURE
ARCHITECTURE
HOUSING
SELECT SHOP
HOBBY
季刊／3・6・9・12月1日発行
NAGI凪
B5判・104ページ・定価670円
年間定期購読が便利です。バックナンバーはホームページで。
月兎舎
〒516-0002三重県伊勢市馬瀬町638-3
TEL0596-35-0556 FAX0596-35-0566

三重と県外の名山22山行記

大人の遠足

山善会が行く

A5判・104頁　定価1260円

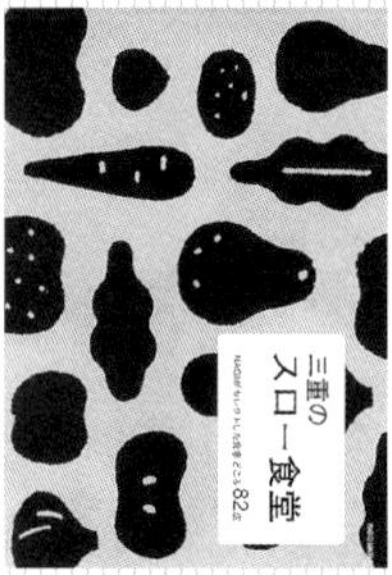

スローな食事どころ82店

三重のスロー食堂

A5判・112頁　定価1000円

三重県初の地酒ガイド

酒菜好日《しゅさいこうじつ》

B5変型判・120頁　定価1000円

三重の個性派住宅33例

オンリーワンの住まい

B5判・160頁　定価1000円

モノクロフォト&エッセイ

絶海

鳥羽の島々

撮影／森 武史　文／濱口弥生

B5判・128頁　定価1575円

大判フィルムで撮影。モノクロ写真集

村の記憶

撮影／松原 豊

A4変型判・120頁　定価3675円

熊野古道モノクロ写真集

くまのみち

撮影／森 武史　文／吉川和之

A4判・120頁　定価2000円

三重の祭カラー写真集

晴れやかな持続へ

撮影・文／阪本博文

B5判・120頁　定価2000円

Wonderful
Seakayak
World

YOSHIKAWA KAZUYUKI

吉川和之（波兎2号）

レポートと、焚き火担当。

1961年伊勢市生まれ。「手漕ぎ隊」結成を呼びかけたNAGI発行人。隊長と同じく、宮川河口の三角州・大湊の船大工の末裔。生家の裏が海で、小学生時代は学校水泳も海（遠浅なので大潮の干潮時は泳げなかった）。16歳で原付、半年後に自動二輪の免許を取り、今日までバイク道まっしぐら。

20数年前、当時在籍していた雑誌の取材でシーカヤック（1号・3号とも）と出会い、中古のポリ艇を手に入れる。鳥羽～神島カヌートライアルに4回参加。ただし、自己流なので、いつまで経ってもパドリングがうまくならず、ロールもできない。

アウトドアの知識もグッズも持たないので、「手漕ぎ隊」では専ら流木集めと焚き火を担当。慢性的な寝不足から、ランチの後はいつも爆睡していた。

YOSHIKADO TATSUJI

吉角立自（波兎1号・隊長）

コースガイドと、調理担当。

1959年伊勢市生まれ。かつては造船業で栄えた伊勢大湊の、船大工の末裔。学生時代に始めたヨットレースで、海遊びに目覚める。26歳の時にカヌーと出会い、ヨットより自由なカヌーの世界にはまる。伊勢の造船所に就職し、新しく立ち上げたカヌー部門で、シーカヤックの製作、販売、指導に携わる。

同所のカヌー部門撤退により1996年、パドルコーストを独立開業。伊勢志摩を中心に講習会、ツアーを開催するほか、全国各地へも遠征。オリジナルカヤックの開発・販売も行う。

日本セーフティーカヌーイング協会（JSCA）インストラクター2（シーカヤック、リバーカヤック、オープンカヌー）、インストラクタートレーナー（シーカヤック、リバーカヤック、オープンカヌー）。

Namiusagi's Profile

Guest paddlers

手漕ぎ隊ツアーに参加してくれた
吉角隊長の門下生たち

HIRAYAMA IZUMI

SUZUKI KAZUNARI

MOTOHASHI YOUICHI

TAKADA KENJI

高田健司（波兎3号）

撮影と、食事の残り物かたずけ担当。

1953年伊勢市生まれ。幼少の頃は五十鈴川や神宮林の自然に遊び、学ぶ。五十鈴中学校では野球部に所属。強肩だけが取り得だった。部活でよく走らされたため、校内マラソンで上位に入り、陸上の800m選手に抜擢される。その頃から、一眼レフと天体望遠鏡を担ぎ、夜な夜な彷徨し出す。応募した写真が天文雑誌に掲載され、プロカメラマンを夢見たりもするが、現実はアスリート路線を進む。

高校時代は陸上の長距離に専念。全国高校駅伝都大路大会の4区を走る。やがて、小学生時代からの趣味だった自転車の道へ。中京大学体育学部体育学科で教職を学びつつ、自転車ロードレースの国体選手に。卒業後は実業団チームに所属。

フリーカメラマンとして独立後は、各種競技大会やモータースポーツなどを中心に撮影活動を展開中。

カヤックの世界にデビューする若者は少ない。スキーもバイクもサーフィンも…。
アウトドアにはリスクが付き物だ。それとどう折り合いを付けるか。
困難を乗り越えてこそ、友との絆が結ばれ、自然との対話ができる。
三重は県土の東半分を海に面している。白砂青松のビーチ、荒波を砕く絶壁、
エメラルドの入り江や、手つかずの孤島を知らないなんて、もったいない。
本書で海上散歩に興味を持たれたら、さあ迷わずパドルを手にされよ。
3.11被災地の復興と、東北パドラーの復活を心より願う。

NAGI 別冊
手漕ぎ隊が行く
2012年3月1日発行　定価1000円（本体952円）

発行人　吉川和之

手漕ぎ隊　吉角立自　吉川和之　高田健司
イラスト　田山湖雪
デザイン　rabbit house
製　版　ミカミプロセス
印　刷　北浜印刷工業

発　行　月兎舎
〒516-0002 三重県伊勢市馬瀬町638-3
TEL0596-35-0556 FAX0596-35-0566
http://www.i-nagi.com E-mail usagi@i-nagi.com

 ISBN978-4-9905401-3-5